Pädagogische Praxisimpulse

Band **7**

AF285037

Patientenedukation revisited

Plädoyer für eine pädagogisch gerahmte Beratungspraxis

Markus Wenner

Reihe: Pädagogische Praxisimpulse

Herausgeber: Prof. Thomas Prescher

Bibliografische Information der Deutschen Nationalbibliothek: Die Deutsche Nationalbibliothek verzeichnet diese Publikation in der Deutschen Nationalbibliografie; detaillierte bibliografische Daten sind im Internet über dnb.dnb.de abrufbar.

Bildnachweis Titelfoto: Katarzyna Bialasiewicz/ Getty Images

Herstellung und Verlag: BoD – Books on Demand, Norderstedt

ISBN 9783752641455

Abbildungsverzeichnis

Tabellenverzeichnis

Hinweise

- Personen, Rollen, Professionen etc. werden – sofern es hierfür keine inhaltlich notwendigen Gründe gibt – geschlechtsneutral aufgefasst. Die männliche Form oder auch geschlechtsneutrale Formulierungen (z.B. Studierende statt Studenten) beziehen sich zugleich auf weibliche bzw. diverse Personen. Auf eine Mehrfachbezeichnung wird zugunsten einer flüssigeren Lesbarkeit verzichtet.

- Begriffe in kursivem Schriftschnitt machen eine umgangssprachliche oder ironisierende Ausdrucksabsicht kenntlich, darüber hinaus hebt ein kursiver Schriftschnitt Eigennamen, theorietypische/ -immanente Termini oder aus einem Erläuterungskontext abgeleitete, nicht etablierte Neologismen des Autors hervor.

Abkürzungsverzeichnis

bzw.	beziehungsweise
ca.	cirka/ zirka
CHAT	Cultural Historical Activity Theory
d.h.	das heißt
GKK	Gesundheit-Krankheit-Kontinuum
Herv. i. Org.	Hervorhebung im Original
i.d.R.	in der Regel
nachf.	nachfolgend[...]
o.g.	oben genannt[...]
p.a.	per annum
sog.	sogenannt[...]
SOC	Sense of Coherence
TWM	Trajectory Work Model
u.a.	unter anderem
usw.	und so weiter
u.U.	unter Umständen
v.a.	vor allem
z.B.	zum Beispiel

1 Einleitung

Menschen sehen die Welt nur so, wie sie diese sehen können (vgl. Metzinger 2011, S. 31 ff.). Gelangen sie mit ihren biografisch eingespurten, routinierten Deutungsmustern an eine Grenze, z.B. im Rahmen einer bedrohlichen Diagnosestellung, benötigen sie neue Strategien, um lebensfähig zu bleiben oder wieder handlungsfähig zu werden. Eine existentielle Krise durch akute und chronische Krankheit erhöht den Anpassungs- und Lerndruck. Doch auch, wenn sich Lernen nach Auffassung der konstruktivistischen Lern- und Erkenntnistheorie als autopoietischer Prozess vollzieht, – ob Lernende notwendige Lerninhalte aufgreifen, verarbeiten oder anwenden, ist von der Logik des bereits Verfügbaren abhängig (vgl. Roth 2011, S. 92 ff.) – ist anpassendes Handeln im Sinne einer Problemlösung stets „an soziale Zusammenhänge gebunden" (Esser 1999, S. 183).

Im Rahmen chronischer Krankheit nimmt die Berufsgruppe der beruflich Pflegenden einen wesentlichen Teil innerhalb dieser sozialen Zusammenhänge ein. Dabei sehen sich beruflich Pflegende in ihrer eigenen Rollenkonstruktion weniger als pädagogische Fachkraft oder *Geburtshelfer* neuer Deutungsmuster. Mehr als den meisten beruflich Pflegenden bewusst ist, nehmen kommunikative und beratende Aspekte viel Raum in der Pflege von chronisch Kranken ein und haben therapeutischen Mehrwert: „Therapeutic nursing is [...] a major force for achieving health for the patient" (McMahon/Pearson 2002, S. 3). Diese Haltung unterstreicht auch die S3-Leitlinie *Palliativmedizin für Patienten mit einer nicht heilbaren Krebserkrankung.* Sie bewertet patientenzentrierte Kommunikation als unverzichtbar für eine umfassende Behandlung (vgl. Leitlinienprogramm Onkologie 2020, S. 43 f.).

Subjekt- bzw. Patientenzentrierung konstituiert einen roten Faden für das professionelle Selbstverständnis von Medizinern und Pflegenden und ist hervorgehobener Handlungsauftrag ihrer jeweiligen berufsethischen Kodizes (vgl. exemplarisch Berufsordnung der Landespflegekammer Rheinland-Pfalz 2020, § 2, Abs. 4; vgl. auch Deutscher Ethikrat 2016, S. 7 ff.). Der Patient soll als Subjekt im Fokus stehen. Das Gebot der individuellen Betreuung hat hohen Stellenwert, jeder Verdacht der vermeintlichen Entindividualisierung durch institutionell-strukturelle Normierung, Kontrolle oder Unterwerfung wird ausgeräumt. Diese Tendenz zeigt sich u.a. im pflegewissenschaftlichen Diskurs, in der Foucaults fast schon dystopische Analyse der modernen Kontrollgesellschaft, die um die „Produktion des zuverlässigen Menschen" (Schroeter 2005b, S. 391) bemüht ist, eine breite Rezeption gefunden hat (vgl. hierzu exemplarisch Friesacher 2004). In diesem durchaus nachvoll-ziehbaren Eifer wird jedoch ignoriert, dass Medizin und Pflege jenseits aller „Demaskierungssoziologie" (Soeffner 2000, S. 42), deren kritischer Impetus vor dem Hintergrund des Zeitgeistes der sechziger und siebziger Jahre zu interpretieren ist, ohnehin evidente strukturelle Wissens-, Normen- und Machtkomplexe sind, in denen sich Institutionen, Regeln und Diskurse etabliert und differenziert haben. Schroeter relativiert daher die überkommene binäre Vereinfachung in *böse* Strukturen und *guter* Patient; in seinem Verständnis sind Pflege- und Medizin-Institutionen „Organisationen mit Sozialisationsauftrag" (Schroeter 2005b, S. 393).

> „Hilfe und Kontrolle gehören also zu den eingebauten Zielen der Sozialisationsorganisationen, so auch im Krankenhaus und Pflegeheim. Doch soziale Kontrolle heißt nicht nur Repression, sondern auch Integration [...]." (ebd.)

Im heiklen Spagat zwischen intersubjektiver Partnerschaftlichkeit und struktureller Autorität befinden sich Pflegende vor allem im Kontext der Betreuung chronisch kranker Menschen. In diesem Tätigkeitsfeld hat sich eine Form der „sprechenden Pflege" etabliert (Zegelin 2015, S. 13), die einen pädagogischen Auftrag zur Anpassungsunterstützung verfolgt: die pflegerische Patientenedukation. Leider geschehen Maßnahmen der pflegerischen Patientenedukation eher zufällig und unstrukturiert, nicht zuletzt aus leistungsrechtlichen Gründen (vgl. Gröning/ Gerhold 2016, S. 48; vgl. auch S. 8). Darüber hinaus erfolgt sie stark unter medizinischen, am Körper bzw. an Pathologie orientierten Vorzeichen (vgl. Schroeter 2005b, S. 394 f.). Häufig ist pflegerische Patientenedukation mit einer instruktionistisch gefärbten Wissensvermittlung assoziiert, verknüpft mit der (implizit) behavioristischen Annahme, mehr Wissen aufseiten des Patienten führe eo ipso zu erwünschten Verhaltensanpassungen im Sinne einer erhöhten Compliance (vgl. Hurrelmann 2001a, S. 102). Die vorliegende theoretische Abhandlung stellt jedoch die These auf, dass eine ernst gemeinte Stärkung der Alltagskompetenz – wie diese nun einmal erklärtes Ziel der pflegerischen Patientenedukation ist (vgl. Zegelin 2015, S. 24) – ohne synchrone Betonung der Partnerschaftlichkeit nur eingeschränkt realisiert werden kann. Dieses Defizit wird als das *praktische Defizit* bezeichnet. Mit der Belebung von Partnerschaftlichkeit in der Patient-Pflege-Interaktion korrespondiert die pädagogische Unterstützung zur Veränderung von Wahrnehmungs-, Denk- und Handlungsmustern bei Patienten in der Krise. Diese Lernaufgabe erhöht die Wahrscheinlichkeit für einen produktiven Bewältigungsprozess und das Gelingen eines Identität stützenden Alltags (vgl. Kap. 3 und 4)[1].

---

[1] Zur kritischen Verwendung des Bewältigungsbegriffs siehe Kap. 5.

Neben dem praktischen Defizit existiert im Rahmen der pflegerischen Patientenedukation ein theoretisches Defizit: Dem Tätigkeitsfeld fehlt eine (lern-)theoretische Fundierung. Zwar werden in der wissenschaftlichen und praktischen Literatur theoretische Referenzen aus unterschiedlichen Disziplinen genannt, so u.a. Aaron Antonovskys bekanntes Salutogenese-Modell (vgl. Antonovsky 1997), jedoch stehen diese isoliert und ohne Bezug zur praktischen und ambivalenten Edukationstätigkeit nebeneinander (vgl. Kapitel 5). Auch wenn diese Theorien und Konzepte für sich betrachtet Aussagekraft für unterschiedliche Ausgangsfragestellungen haben, fehlt die kohärente Verbindung zu einer (lern-)theoretischen Handlungsfundierung für eine im Spannungsfeld zwischen „Hilfe und Kontrolle" agierende Patientenedukation (Schroeter 2005b, S. 392 f.). Diese ist jedoch notwendig, um die eigene fachlich-pädagogische Tätigkeit in diesem pflegerischen Tätigkeitssystem zu verstehen, zu reflektieren und um Hypothesen zu Inhalten, Modi und Methoden der zielführenden Beratung zu formulieren und zu erproben – sowohl in der Pflegeforschung als auch im Praxisfeld.

1.1 Erkenntnisinteresse und Ziel

Vor dem oben skizzierten Hintergrund versucht die vorliegende Analyse Antworten auf folgende Fragen zu entwickeln:

- Welche Herausforderungen und Chancen lassen sich für eine pflegerische Patientenedukation im Spannungsfeld intersubjektiver Partnerschaftlichkeit und struktureller Autorität bei chronisch kranken Menschen identifizieren?

- Wie gelingt es im Rahmen der pflegerischen Patientenedukation, die Selbstlern- und Steuerungskompetenz von chronisch kranken Menschen zu stärken? Wie kann pflegerische Patientenedukation zum Ermöglichungsraum für Selbstlernstrategien werden – gerade vor dem Spannungsfeld strukturell unterstützter „Selbstthematisierung" (Meueler 2017, S. 145)?

Ziel der Synthese aus den analytischen Vorüberlegungen ist es, einen Vorschlag zu unterbreiten, wie pflegerische Patientenedukation theoretisch fundiert als Struktur und erwachsenenbildnerischer Ermöglichungsraum für Lernprozesse modelliert werden kann. Dem Autor erscheint hierzu die kulturhistorische Tätigkeitstheorie – insbesondere deren moderne Weiterentwicklung des Tätigkeitssystems als System expansiven Lernens nach Yriö Engeström – als heuristische Schablone für die Analyse und Gestaltung einer erwachsenenbildnerisch geprägten Patient-Pflege-Beziehung vorläufig fruchtbar (vgl. Engeström 2011). Insofern lautet eine weitere zu untersuchende Frage: Welche Strukturmomente und Gestaltungsansätze für eine pflegerische

Patientenedukation als Ermöglichungsraum für Selbstlern-strategien können vor dem Spannungsfeld strukturell un-terstützter Selbstthematisierung mit Hilfe des Modells der Tätigkeitstheorie nach Engeström thematisiert werden? Die konsequente Übersetzung der Patient-Pflege-Bezie-hung in Engeströms *Activity Theory* und die Anwendung seiner lerntheoretischen Annahmen, haben u.U. das Po-tential, o.g. Defizite und Widersprüche zu überwinden und für die Patient-Pflege-Interaktion ein tragfähiges Rechtfer-tigungs- und Erklärungsfundament zu gießen. Als ver-meintlich „moderat konstruktivistischer Ansatz" verfügt die Tätigkeitstheorie:

> „[...] als einziger Ansatz über die theoretischen Mittel, die Einheit von Instruktion und Konstruktion konkret herzustellen, indem Lernen und Lehren als wechsel-wirkende Tätigkeiten ihrer Subjekte verstanden und gestaltet werden." (Giest/ Lompscher 2005, S. 124)

Einerseits fokussiert die Tätigkeitstheorie den soziokultu-rellen Kontext als Quelle und Bedingung des Lernens, an-dererseits wird Lernen im Sinne eines Aneignungsprozes-ses als „Erweiterung individueller und kollektiver Hand-lungsmöglichkeiten" verstanden (Grunert/ Ludwig 2018, S. 64). Damit lässt sich nicht nur die Ambivalenz aus intersub-jektiver Partnerschaftlichkeit und struktureller Autorität ver-söhnen, sondern auch die Realität von impliziten (informellen) und expliziten Lernanlässen und -vorgängen in einer analytischen (und ggf. später auch empirischen) Übertragung von Engeströms Tätigkeitstheorie abbilden. Das Ergebnis eines Tätigkeitssystems *Pflegerische Patientenedukation* bzw. *Pflegerische Beratungspraxis* ist das Gewahrsein und Erleben eines Identität stützenden Alltags. Dieser Lernprozess verläuft nicht zwingend geradlinig oder ausschließlich konstruktiv „und ist niemals nur ein gutartiger Prozess" (Engeström 2011, S. 425).

1.2 Aufbau der Untersuchung

- Zunächst wird definitorisch geklärt, was unter den Begriffen *Chronische Krankheit* und *Pflegerische Patientenedukation* verstanden wird. Bezugnehmend auf Erkenntnisse der Gesundheitswissenschaften, werden vor allem die gesamtgesellschaftlichen Implikationen für die deutsche Gesellschaft umrissen. Die Entwicklung der pflegerischen Patientenedukation wird vor dem Hintergrund des Phänomens *Chronische Krankheit* vorgestellt.

- Die Kapitel 3 und 4 analysieren die besondere Situation von Menschen mit chronischer Krankheit eingedenk des besonderen Spannungsverhältnisses zwischen struktureller (medizinisch-pflegerischer) Abhängigkeit und einem wahrgenommenen Appell zur subjektiven Genesungsanstrengung zum Zweck der schnellstmöglichen

Wiederherstellung von Leistungsfähigkeit. Um diese zermürbende Ambivalenz zu verstehen, wird der Begriff der (beschädigten) Identität als Resultat aus perturbierter Lebenslage und Lebenswelt eingeführt und definiert. Der Identitätsbegriff wird anschließend unter Herleitung eines *kohärentistischen Konstruktivismus* erkenntnistheoretisch verortet und begründet. Am Ende steht ein belastbarer Schlüsselbegriff der Identität, verstanden als kohärentes Ich-Überzeugungsnetzwerk inklusive aller geronnen Deutungsmuster, Kernannahmen über Leben und Welt sowie vermeintlich erfolgreichen Verhaltensstrategien.

- Die Darstellung der bisherigen Praxis weist jedoch darauf hin, dass pflegerische Patientenedukation aus dem Blickwinkel einer instruktionistisch agierenden Organisation handelt, der pädagogische Anspruch zu kurz greift und letztlich den besonderen Bedürfnissen von Menschen mit chronischer Krankheit bzw. der (sich selbst attestierten) Subjektorientierung nur bedingt gerecht wird. Im Zuge dessen wird gewahr, dass pflegerische Patientenedukation weitaus stärker als bisher als eine pädagogische Tätigkeit gestaltet und theoretisch fundiert werden muss (vgl. a.a.O., S. 27). Grundlage hierfür ist ein weites bzw. Lebenswelt orientiertes Verständnis von Alltagskompetenz und der professionelle Anspruch, geschwächte Ich-Kräfte von Patienten zu stärken und damit Selbstlernfähigkeiten bzw. Selbstermächtigung zu ermöglichen (vgl. Kap. 5.1.2). Im Zuge dessen stellt Kapitel 5 wesentliche Anforderungen an eine neue Pflege-Perspektive vor, darunter die wesentlichste Anforderung an beruflich Pflegende, die Patient-Pflege-Interaktion als eigenen kontinuierlichen Lernanlass zu interpretieren, weil „selbstgesteuerte[s] Lernen mit der Selbstbildung derer [beginnt], die glauben, steuern zu sollen und dies auch zu können" (Arnold 2014, S. 52).

- Als Lösungsvorschlag wird in Kapitel 6 Yrjö Engeströms *Activity Theory* bzw. *Theorie des expansiven Lernens* als pädagogisch geprägte Heuristik der pflegerischen Patientenedukation eingeführt. Einleitend wird begründet, warum diese als hilfreich zur Lösung o.g. Probleme und Fragen erscheint. Widersprüche und Perturbationen charakterisiert Engeström als Auslöser von Lernprozessen. Ein weiteres Argument für eine Anwendung stellt Engeströms Lernbegriff dar, der einerseits die strukturellen Bezüge im Zuge von Lernprozessen betont, andererseits mit systemisch-konstruktivistischen Annahmen über das Lernen anschlussfähig ist, indem wiederum die Subjektorientierung von (autopoietischen) Lernprozessen ihren Stellenwert erhält (vgl. Engeström 2011, S. 415). Kern von Kapitel 6 bildet ein Teilkapitel, das Engeströms Strukturmodell auf die Patient-Pflege-

Interaktion *übersetzt* bzw. anwendet und Zusammenhänge zwischen Strukturelementen innerhalb des Tätigkeitssystems *Pflegerische Patientenedukation* expliziert. Darüber hinaus wird der expansive Lern- und
Transformationszyklus erläutert.

- Nach Beurteilung des Ergebnisses aus Kapitel 6, zieht
  Kapitel 7 eine Bilanz bzw. prüft, ob die einleitend aufge-
  worfenen Fragen beantwortet werden bzw. Engeströms
  Tätigkeitstheorie das praktische und theoretische Defizit
  pflegerischer Patientenedukation kompensieren kann.
  Zuletzt werden Chancen und Grenzen eines Tätigkeitssystems *Pflegerische Beratungspraxis* als Ermöglichungsraum für Lernprozesse bei Menschen mit chronischer Krankheit diskutiert und offene Forschungsfragen
  zur Disposition gestellt.

2 Chronische Krankheit und pflegerische Patientenedukation: Eine synchrone Entwicklung

Chronische Krankheiten beschäftigen das deutsche Gesundheitssystem in besonderer Weise seit mindestens
sechs Jahrzehnten (vgl. Schaeffer 2006, S. 192). In Abgrenzung zu akuten Erkrankungen ist das Phänomen chronische Krankheit selbstverständlich wesentlich älter, doch

mit zunehmender Industrialisierung ab den fünfziger Jahren des 20. Jahrhunderts:

- entwickelten sich neben den genetisch determinierten chronischen Krankheiten zunehmend erworbene, auf Wohlstand rekurrierende organische und psychische Störungen,
- sank durch die Optimierung medizinischer Standards und die durch die Entwicklung medizinischer Innovationen (z.B. Antibiotika) die Geburtensterblichkeit bzw. konnte das durchschnittliche Lebensalter der Menschen signifikant erhöht werden; höheres Lebensalter wiederum begünstigt die Entstehung degenerativer und maligner Erkrankungen, die i.d.R. in einen chronischen, prolongierten Verlauf münden (vgl. Saß/Wurm/ Ziese 2009, S. 31 ff.).

2.1 Chronisch krank: Kennzeichen und gesellschaftliche Implikationen

Aus o.g. Gründen nimmt es daher nicht Wunder, dass epidemiologische Daten darauf hinweisen, dass der Anteil der chronisch kranken Menschen bzw. die mit chronischen Krankheiten korrespondierenden Gesundheitsausgaben der gesetzlichen und privaten Krankenversicherungen stagnieren oder weiter steigen (vgl. Böhm 2018)[2]. Das Statistische Bundesamt hat ermittelt, dass nahezu 14 Prozent aller Gesundheitsausgaben auf Herz-Kreislauferkrankungen – die i.d.R. einen chronischen Verlauf nehmen – verbucht werden, dicht gefolgt von Krankheiten der Psyche, die Menschen in jedem Lebensalter erfassen können und diese über ein breites Lebensintervall bzw. lebenslang begleiten. Rund sieben Prozent der deutschen Bevölkerung erhält eine Krebsdiagnose (vgl. ebd.). Im Zuge des medizinischen Fortschritts und des steigenden Lebensalters werden darüber hinaus mehr Menschen mit Mehrfacherkrankungen behandelt und gepflegt (Stichwort Multimorbidität). Vergleichsweise seltene Krankheiten, d.h. Erkrankungen mit einer Inzidenz von 1–3 Fällen/ 100.000 Einwohnern p.a. sind häufig kostenintensiv hinsichtlich medizinischer und pflegerischer Versorgung (z.B. Amyotrophe Lateralsklerose oder Chorea Huntington). Bei anderen Erkrankungen, die bislang durch einen schnellen Verlauf gekennzeichnet waren, wie z.B. bei der Mukoviszidose oder eine HIV-Infektion, konnte die Lebensdauer aufgrund von Therapiefortschritten deutlich verlängert werden. Zuletzt sollte nicht unerwähnt bleiben, dass viele chronische Krankheiten, wie z.B. Herz-Kreislauf-Erkrankungen, Diabetes

---

2 Es werden Datensätze bzw. Diagnosecodes aus den Jahren 2005 und 2015 verglichen.

mellitus oder bestimmte Krebserkrankungen, mit gesundheitsschädigendem Risikoverhalten bzw. mit milieuspezifischen Lebensstilen und Bildungsdefiziten korrelieren[3]. Die kurzen Ausführungen machen deutlich, dass chronische Krankheiten die sozialen Sicherungssysteme finanziell belasten. Neben den unmittelbaren Kosten für Diagnostik, Therapie und Pflege müssen darüber hinaus mittelbare Kosten, z.B. durch Arbeitsausfall von Betroffenen oder deren Angehörigen oder durch frühzeitige Berentung etc. berücksichtigt werden. Die Antwort der Politik ist eine zunehmende Ökonomisierung des Gesundheitssektors mit ambivalenten Effekten[4].

---

[3] Gesundheitsbildung ist mittlerweile ein umfangreiches Betätigungsfeld der Erwachsenenbildung, das vor allem von gesellschaftlichen Leitmilieus der Etablierten und Postmateriellen angenommen wird. Erwachsenenbildungsforschung beschäftigt sich in diesem Zusammenhang mit der Frage, wie entsprechende Bildungsmaßnahmen zur Veränderung von Gesundheitsverhalten auch bildungsferne Milieus erreichen können (vgl. Barz/ Tippelt 2018, S. 170 f.).

[4] An dieser Stelle sei exemplarisch auf den Paradigmenwechsel bei der Krankenhausfinanzierung bzw. die Einführung der G-DRG hingewiesen. G-DRG steht für German Diagnosis Related Groups. Es handelt sich um ein komplexes medizinisches Klassifikationssystem zur Gruppierung von stationären Behandlungsfällen mit vergleichbarem Behandlungsaufwand (ca. 1300 Fallgruppen). Behandlungskosten und Verweildauer sollen gesenkt, die Transparenz durch Leistungsvergleiche erhöht werden. Politisch gewollte Nebeneffekte sind zudem Effizienzsteigerung, Prozessoptimierung, Sensibilisierung für Kosten und Qualität, aber auch die Schließung von unrentablen Kliniken bzw. die Zentrenbildung (vgl. Wenner 2020, S. 10). Obwohl die Zahl der hochbetagten und multimorbiden Patienten seit Einführung der G-DRG im Jahr 2013 steigt, kam es zu einem signifikanten

2.2 Strukturelle Versorgungslücken

Die folgenden Kapitel werden die herausfordernde Situation mit chronischer Krankheit aus Subjektperspektive umfassend analysieren. Für einen Überblick sollen an dieser Stelle nur die wichtigsten strukturellen Defizite benannt werden, um weiterführend die historischen und normativen Implikationen für die pflegerische Versorgungsgestaltung plausibel zu machen. Diese strukturellen Mängel, die seit Jahrzehnten diskutiert und bislang nur ansatzweise kompensiert werden konnten, lassen sich schlagwortartig zusammenfassen:

- Mangel an interprofessioneller und intersektoraler Kommunikation (Stichwort: „insulare Arbeitsweise" [Schaeffer 2006; vgl. auch Klingler/ Marckmann 2014]),
- desintegrierte, inkohärente Versorgung; insuffiziente Schnittstellenversorgung zwischen unterschiedlichen Versorgungssettings und korrespondierenden Kostenträgern (vgl. Lang et al. 2019),
- unzureichende quantitative und qualitative Information des Patienten zu Versorgungsangeboten, Therapie-

---

Abbau von Pflegepersonal zur Einsparung von Personalkosten und Umleiten von DRG-Erlösen in Investitionsprojekte, aber auch in Dividenden- oder Gewinnausschüttungen bei privaten Klinikträgern (vgl. Zander/ Busse 2017, S.118 f.). Insgesamt werden Pflegeleistungen nicht bzw. nur implizit im medizinisch orientierten Finanzierungssystem berücksichtigt.

alternativen und Unterstützungsleitungen (vgl. Vogt/ Berens/Schaeffer 2020),

- Minderbewertung der subjektiven Bewältigungserfordernisse der chronisch kranken Person mit der Konsequenz ihrer Schematisierung und Objektivierung (vgl. Klingler/ Marckmann 2014).

Kapitel 2.1 konnte herausarbeiten, dass o.g. systemimmanente Defizite hohe Kosten verursachen. Uns sollen jedoch nachfolgend die in Summe resultierenden persönlichen Anpassungs- und Bewältigungskosten bzw. die Minderbewertung der subjektiven Bewältigungserfordernisse von chronisch kranken Menschen mit der Konsequenz ihrer Schematisierung und Objektivierung interessieren.

2.3 Implikationen für Pflegende und für die pflegerische Patientenedukation

Professionell Pflegende begegnen chronisch kranken Menschen in allen Versorgungssektoren; mittlerweile machen sie die Mehrheit der zu betreuenden Patienten aus. Die hiermit verbunden Aufgaben sind komplex und anspruchsvoll; sie beinhalten neben technisch-instrumentellem Pflegehandelns (sog. Hands-on-Pflege oder Verrichtungspflege):

- das Monitoring/ die Krankenbeobachtung bzw. die Einleitung von Erstmaßnahmen,

- die Aktivierung von Patienten und den langfristigen Erhalt vorhandener Ressourcen, auch die des sozialen Umfeldes,
- die Ermittlung und Förderung von Selbstmanagementkompetenzen,
- die Synchronisation der Versorgung, an der i.d.R. unterschiedliche Institutionen und Professionen mit divergierenden Zielen beteiligt sind; Ziel ist, dass alle Leistungen „zu einem integrierten Versorgungspaket zusammenfließen" (Schaeffer 2006, S. 198),
- die Unterstützung des chronisch kranken Menschen zu sozialer Teilhabe und „eigenverantworteter Lebenspraxis" (a.a.O., 199).

Schaeffer konstatiert, dass Unterstützungs- und Versorgungsbedarfe von chronisch Kranken maßgeblich an professionell Pflegende herangetragen würden. Ein Grund hierfür könnte sein, dass Pflegende mehr Zeit mit Patienten und deren Angehörigen verbringen, Verlaufsschwankungen kontinuierlicher wahrnehmen sowie im Vergleich zu Medizinern eher einen systemischen Blick auf Patienten und deren Umfeld haben. Schaeffer befürwortet, dass Pflegende eine „Schlüsselrolle für die Versorgungsgestaltung" von chronisch Kranken innehaben sollten (a.a.O., S. 197), auch wenn die Steuerungshoheit weitestgehend durch Mediziner beansprucht wird (vgl. a.a.O. 196). Trotz dieser

Widrigkeit und fehlender Rückfinanzierung durch die Kostenträger entstanden auf der Grundlage von engagierten Einzelinitiativen erste Erfolge. So wurde 2004 erstmalig ein nationaler Expertenstandard „Entlassungsmanagement in der Pflege" konsentiert und verabschiedet (vgl. Deutsches Netzwerk für Qualitätsentwicklung in der Pflege), der durch flächendeckende Aufmerksamkeit zunächst innerhalb der Berufsgruppe der beruflich Pflegenden letztlich dazu beitrug, dass der Paragraf 39 SGB V seit 2017 die Kliniken gesetzlich auf einen geordneten Patientenübergang von der stationären Krankenhausversorgung in eine weitergehende medizinische, rehabilitative oder pflegerische Versorgung verpflichtet[5].

Auch die pflegerische Patientenedukation ist ein eindrucksvolles Beispiel dafür, wie sich auf der Grundlage inoffiziellen Engagements Innovationen verankern konnten (vgl. https://patientenedukation.de/der-verein/historie). Die Idee der pflegerischen Patientenedukation entstand Ende der neunziger Jahre (des 20. Jahrhunderts) vor dem Hintergrund defizitärer Schulungs- und Beratungseinrichtungen für chronisch Kranke, zunächst informell und ohne expliziten Auftrag. Mittlerweile hat sich die pflegerische

---

[5] Insgesamt entstand über Jahrzehnte eine Flut an praktischen und wissenschaftlichen Publikationen, die eine Versorgungsoptimierung unter pflegerischer Mitwirkung oder Ägide zum Thema haben (vgl. exemplarisch Zegelin et al. 2019).

Patientenedukation in weiten Teilen der Praxis etabliert und ist als genuine Pflegetätigkeit im Pflegeberufegesetz beschrieben (vgl. Deutscher Bundestag 2017)[6]. Trotz dieser bemerkenswerten Entwicklung geschehen Maßnahmen der pflegerischen Patientenedukation in der Praxis eher zufällig und unstrukturiert, nicht zuletzt aus leistungsrechtlichen Gründen (vgl. Gröning und Gerhold 2016, S. 48). Darüber hinaus erfolgt sie bevorzugt unter medizinischen, am Körper bzw. an Pathologie orientierten Vorzeichen (vgl. Schroeter 2005b, S. 394 f.). Häufig ist pflegerische Patientenedukation mit einer instruktionistisch gefärbten Wissensvermittlung assoziiert, verknüpft mit der (implizit) behavioristischen Annahme, mehr Wissen aufseiten des Patienten führe eo ipso zu erwünschten Verhaltensanpassungen im Sinne einer erhöhten Compliance (vgl. Hurrelmann 2001, S. 102).

Der vorangegangene Abschnitt konnte eine parallele Entwicklung von Bedeutungszuwachs chronischer Erkrankungen in Deutschland und pflegerisch-professioneller Interventionen, u.a. manifestiert in Form einer pflegerischen Patientenedukation, plausibel nachzeichnen (wenn auch nicht im Sinne eines Ursache-Wirkungs-Determinismus begründen). Doch trotz forcierter Professionalisierungs-

---

[6] Gesetz zur Reform der Pflegeberufe PflBRefG vom 17. Juli 2017: Art 1, Teil 2, Abschnitt 1, § 5, S. 2583.

bemühungen der Berufsgruppe Pflege scheint diese für die anspruchsvollen Anforderungen hinsichtlich der Versorgung chronisch Kranker nur bedingt gerüstet zu sein (vgl. Schaeffer 2006, S. 192). Versorgungsqualität zu optimieren, ist ein notwendiges, aber kein hinreichendes Ziel, um Alltagskompetenz von chronisch Kranken zu steigern. Ein solches Ziel erfordert mehr „Sicherheitsarbeit" (a.a.O., S. 194) und Unterstützung der Betroffenen zur Kontrollwahrung über ihr Leben (vgl. a.a.O., S. 195). Eine nicht zu unterschätzende Bedeutung für eine gelingende Versorgungsgestaltung haben daher:

> „Maßnahmen zur Förderung der personalen Adaptions- und Bewältigungskompetenz, zur sozialen und emotionalen Unterstützung und vor allem zur Stärkung des Kontrollvermögens und der Selbstmanagementfähigkeit." (ebd.)

Insofern muss der Anspruch an professionell Pflegende so formuliert werden, dass eine ernst gemeinte Stärkung der Alltagskompetenz – wie diese nun einmal explizites Ziel der pflegerischen Patientenedukation ist (vgl. Zegelin 2015, S. 24) – ohne synchrone Betonung von Partnerschaftlichkeit nur eingeschränkt realisiert werden kann. Mit der pädagogisch unterfütterten Belebung von Partnerschaftlichkeit in der Patient-Pflege-Interaktion korrespondiert die Unterstützung zur Veränderung von Wahrnehmungs-, Denk- und Handlungsmustern, sowohl bei Patienten als auch bei den Pflegenden. Eine solche Lernaufgabe und ihre -ergebnisse erhöhen die Wahrscheinlichkeit für das Gelingen eines identitätsstützenden Alltags[7]. Die in dieser Erörterung vorgestellte Lösung für dieses praktische Problem lautet daher, pflegerische Patientenedukation als Ermöglichungsraum für *expansives Lernen* im Verständnis von Yrjö Engeström zu entwickeln. Die Theorie des expansiven Lernens trägt insbesondere dem Auftauchen von Ambivalenzen und Perturbationen als Lernanlass Rechnung, aber auch der Veränderung von Systemen in der Dialektik von *Miteinanderarbeiten* und Lernen. Der Weg dorthin wird in Kapitel 4 und 5 geebnet. Zur Veranschaulichung und weiteren Bezugnahme zum Praxisfeld muss nachfolgend die sehr heterogene Gruppe der chronisch Kranken eingeschränkt werden. Im impliziten und expliziten Fokus der weiteren Analyse und Entfaltung einer modifizierten pflegerischen Patientenedukation stehen daher Menschen aus einer besonders vulnerablen Patientengruppe, bei denen Defizite der Versorgung bedrohlich kulminieren können und die intensive, sektorenübergreifende Unterstützung benötigen, auch wenn die Erkenntnisse aus dieser Studie auf alle chronisch kranken Menschen mit Unterstützungsbedarf übertragbar sein sollen. Gemeint sind

---

[7] Definition und weitere Erläuterungen vgl. Kapitel 3 und 4.

Menschen mit infauster Diagnose, v.a. jedoch an malignen Neubildungen erkrankte Menschen in einer Palliativ-Therapie-Phase[8]. Laut S3-Leitlinie Palliativmedizin soll einem Patienten bereits ab dem Zeitpunkt der Diagnosestellung eine Palliativversorgung zumindest angeboten werden, auch parallel zur laufenden Tumortherapie (vgl. Leitlinienprogramm Onkologie 2020, S. 46 ff.). In der Praxis gestaltet sich der Übergang in die Palliativversorgung jedoch fließend bzw. hängt u.a. davon ab, ob der Patient unter schwer beherrschbaren Symptomen leidet und ab einem gewissen Zeitpunkt keine lebenserhaltenden Maßnahmen mehr wünscht. Studien weisen darauf hin, dass professionelle Palliativmedizin nicht nur krankheits- und therapieassoziierte Symptome besser lindert als die kurativ orientierten Disziplinen, sondern eine frühzeitige

---

[8] Zum Aspekt der palliativen Krankheitsverläufe und korrespondierenden Therapiezielen sei auf Bausewein/ Albrecht 2010 verwiesen. Chronische Krankheiten sind durch langfristige, je nach Krankheit sehr wechselhafte Verläufe charakterisiert. Art und Dauer sind nicht prognostizierbar. *„Zugleich erhält der Krankheitsverlauf durch den dauernden Phasenwechsel einen kurven- bzw. spiralförmigen Charakter mit oszillierenden Auf- und Abwärtsbewegungen, die kaum kalkulierbar und subjektiv nur schwer kontrollierbar sind"* (Corbin/ Hildenbrand/ Schaeffer 2009, S. 66). Dabei sind chronisch Kranke häufig nicht von Alltagsverpflichtungen entbunden, *„sondern immer im doppelten Einsatz: müssen ihr Leben und die Krankheit bewältigen"* (vgl. Schaeffer/ Moers 2009, S. 129).

Anbindung lebensverlängernd sein kann, auch wenn sich ein Patient noch in kurativer Therapie befindet (vgl. exemplarisch Temel et al. 2010).

3 Terminologische, erkenntnistheoretische und erwachsenenpädagogische Vorklärungen

Um die besondere Situation von Menschen mit chronischer Krankheit zu analysieren, wird nachfolgend der grundlegende Begriff der *Identität*, insbesondere der *beschädigten Identität*, als Resultat aus perturbierter Lebenslage und Lebenswelt, eingeführt. Dieser Begriff wird darüber hinaus begründet und als Lernanlass für Betroffene qualifiziert. Hiermit zusammenhängend wird ausgeführt, vor welchem wissenschaftstheoretischen und methodologischen Theoriehintergrund die Begriffe *Identität* und *Subjekt* zu verorten sind, da sich historisch und disziplinarisch unterschiedliche Theorieansätze zur Identitätsbildung und Subjektivierung ausgebildet haben.

3.1 Identität als Selbstkonzept

Obwohl die Nutzung des Begriffs Identität disziplinabhängige definitorische und epistemologische *Tretminen* bereit hält – Zirfas und Jörissen weisen zurecht auf die jahrzehntelangen Diskussionen und die Unmöglichkeit einer präzisen Begriffsdefinition hin (vgl. Zirfas/ Jörissen 2007, S. 7 ff.) – erscheint er in oben erläutertem Zusammenhang unvermeidbar, denn Identität erscheint Gesundheitswissenschaftlern als Hebel für „gesunde Persönlichkeitsentwicklung" (Hurrelmann 2012, S. 73) und damit als Ressource für ein gesundes Leben. Identität ist jedoch keine statische, aus sich selbst heraus erkennende, selbstkonstruierende, selbstkontrollierende und vor allem keine im Lebenslauf stabile Entität, die sich nach dem Absolvieren einer gesellschaftlich determinierten Abfolge von Entwicklungsaufgaben dauerhaft herauskristallisiert, auch wenn der Identitätsbegriff im Alltagsgebrauch auf das jeweils Individuelle bzw. auf einen vermeintlichen Wesenskern eines Menschen verweisen möchte und Hurrelmann die Bewältigung von Entwicklungsaufgaben als notwendige Eigenschaft zur Ausbildung einer Identität hervorhebt (vgl. ebd. S. 71). In Abgrenzung zu diesem Alltagsverständnis und im Konsens mit der soziologischen und sozialphilosophischen Identitätsforschung verweist das hier definierte Verständnis von Identität auf ihren dialektischen, kohärentistischen Charakter. Identität emergiert aus einem individuellen und einem sozialen Aspekt bzw. kann in Anlehnung an Goffman in eine *persönliche* und *soziale Identität* analysiert werden (vgl. Goffman 2018, S. 132). Soziale Identität bedeutet, dass Identitäten durch soziale Vorgaben, Normen, Diskurse und etablierte kollektive Muster geprägt werden.

Berger und Luckmann nennen diese subjektumgebenden Strukturen und Prozesse „Plausibilitätsstrukturen" (Berger/ Luckmann 2018, S. 165). Eine persönliche Identität verweist im Gegensatz dazu auf das genuin individuelle Attribut der Definition, auf die Binnensicht des Individuums und somit auf etwas wie einen introspektiv wahrgenommenen, als unverwechselbar interpretierten Wesenskern eines Menschen, ein authentisches „biographisches Bewusstsein" (Meueler 2017, S. 64). Die Emulsion der beiden Ebenen erzeugt ein „Selbstkonzept" (ebd.), an dem ständig zu arbeiten ist. Im Rahmen solcher kontinuierlicher Identitätskonstruktionen wird ein Individuum sozial geprägt und zu adaptierendem Verhalten angehalten, ist aber auch gestaltender, handelnder Akteur, der „sich unter dem Anspruch relativer Eigenständigkeit mit der gesellschaftlich-kulturellen Umwelt auseinandersetzt" (ebd.). Das Individuum befindet sich damit in der ambivalenten Situation, seine Biografie gestalten zu müssen, gleichzeitig aber ein sich verhaltender *Homo sociologicus* zu sein, ein Produkt der strukturellen bzw. gesellschaftlichen Verhältnisse. Meueler spricht in diesem Zusammenhang treffenderweise von einem Akt des „Ausbalancieren[s] von sozialer und persönlicher Identität hin zur *Ich-Identität*" (ebd., S. 66, Herv. i. Org.).

3.2 Identitätsarbeit: Absicherung subjektiver Wirklichkeit

Ein solches Verständnis von Identität ist an systemisch-konstruktivistische Annahmen zur Ich-Bildung anschlussfähig, indem es eine strukturelle Kopplung zwischen Individuum und sozialer Ordnung unterstellt, nicht zuletzt zum Zweck der subjektiven Wahrnehmung und Interpretation von Wirklichkeit. Berger und Luckmann betonen in diesem Zusammenhang die Bedeutung von Alltag, Routinen und der kontinuierlichen intersubjektiven Kommunikation:

> „Wir haben gesehen, daß die Wirklichkeit der Alltagswelt sich selbst dadurch sichert, daß sie sich in Routine einbetten läßt [...]. Darüber hinaus wird sie jedoch ständig neu abgesichert durch gesellschaftliche Interaktion des Einzelnen mit den Anderen. Genauso wie Wirklichkeit ursprünglich mittels eines gesellschaftlichen Prozesses internalisiert wird, wird sie auch mittels gesellschaftlicher Prozesse im Bewußtsein festgehalten." (Berger/Luckmann 2018, S. 160 f.)

Im Verständnis von Berger und Luckmann hängt Identitätsbildung und -absicherung eng mit „Wirklichkeitsabsicherung" zusammen bzw. mit dem Impetus eines Subjekts, sich rückgekoppelt über Andere „seiner subjektiven Wirklichkeit versichern" zu müssen (ebd., S. 161).

Der Subjektbegriff – ähnlich heterogen hinsichtlich seiner Definition, seiner Hintergrundannahmen und Verwendung wie der Identitätsbegriff – wird im Rahmen dieser Exploration durchaus korrespondierend zum Identitätsbegriff verwendet. Dabei wird der Subjektbegriff jedoch als methodologisch-analytische Kategorie eingeführt. Mit einer solchen Kategorie kann eine Handlungstheorie verknüpft sein, die sich i.d.R. nach Grad der dem Subjekt zugebilligten bzw. modellhaft angenommen Autonomie oder Abhängigkeit unterscheidet (vgl. Schmid 2006). Die Subjekt-Kategorie bietet eine terminologische Schablone für konkrete, empirische Identitäten bzw. Identität soll hier als empirischer Vollzug eines Subjekts verstanden werden, als seine personalisierte, historische Manifestation, als eine „Identität aspirierende Person" (Straub 2006, S. 70).

Subjekt und objektive Struktur stehen in einem polarisierten, aber auch dialektischen Verhältnis zueinander. Historisch manifestieren sich objektive Strukturen in Begriffen wie Sprache, Gesellschaft, System, normativen Erwartungen. Alltag und Lebenswelt sind weitere Begriffe, die analoge Verwendung finden, jedoch im Sinne einer unmittelbaren Erfahrbarkeit durch einen (chronisch kranken) Menschen. Grundlegende Annahme dieser Analyse ist – analog zur oben beschriebenen Identitätsbildung – dass (lernende) Subjekte nicht unabhängig von ihrer Plausibilitätsstruktur agieren können, jedoch auch nicht auf eine alles determinierende, vorgeformte Welt treffen[9]. Jenseits eines überkommenen Mikro-Makro-Dualismus wird also postuliert, dass Subjekt und Welt:

„durch [...] wechselseitige Bezogenheit erst geformt, geprägt, [...] konstituiert werden. Was und wie ein Subjekt ist, lässt sich erst bestimmen vor dem Hintergrund der Welt, in die es sich gestellt und auf die es sich bezogen findet; Selbstverhältnis und Weltverhältnis lassen sich in diesem Sinne nicht trennen." (Rosa 2016, S. 62 f.)

Um das Kernanliegen dieser Untersuchung nicht aus dem Auge zu verlieren, soll an dieser Stelle die komplexe Dynamik aus individuellem Handeln und strukturellen Makrophänomenen nicht rekonstruiert werden. Für die weiteren Zusammenhänge ist jedoch bemerkenswert, dass im komplexen Wechselspiel zwischen einem nach Identitätsabsicherung und -rekonstruktion strebenden Individuum und

---

[9] In der Soziologie vertraten vor allem Strukturfunktionalisten wie Talcott Parsons einen starken Objektivismus, in dem sich Subjekte zu Strukturen lediglich verhalten und keinen aktiven Einfluss an der Hervorbringung und Anpassung sozialer Ordnungen haben; Struktur bzw. Ordnung wird als Entität sui generis aufgefasst, das bedeutet, dass Makro-Phänomene bzw. soziale Ordnungen ohne theoretischen Rückgriff auf handelnde Akteure erklärt werden können (Schmid 2006, S. 30 ff.). Diese Diskussion braucht an dieser Stelle nicht weiter vertieft werden, da es im Rahmen dieser Arbeit nicht darum geht, Makrophänomene, z.B. steigende Arbeitslosenzahlen oder eine veränderte politische Kultur, zu erklären.

seiner umgebenden Plausibilitätsstruktur andere Menschen eine bedeutsame Vermittlerrolle einnehmen. Dabei nehmen Berger und Luckmann an, dass „signifikante Andere", hiermit sind z.B. Familienangehörige gemeint, einen stärkeren Einfluss als „Wirklichkeitsgaranten" ausüben als periphere Akteure, weil sie eine zentrale Position im Wirklichkeitserleben und Überzeugungsnetzwerk eines Subjekts einnehmen (Berger/ Luckmann 2018, S. 162):

> „Wirklichkeitssicherung und Wirklichkeits<u>ver</u>sicherung (Herv. i. Org.), betreffen also die gesamte gesellschaftliche Situation des Einzelnen, auch wenn die signifikanten Anderen dabei eine Vorzugstellung [als Mittler einer Plausibilitätsstruktur; M.W.] einnehmen." (ebd.)

Doch auch Begegnungen mit weniger zentral bedeutsamen Menschen, z.B. mit betreuenden Pflegepersonen, beeinflussen diesen Prozess der Identitäts- und Wirklichkeitsabsicherung, insbesondere bei hoher Kontaktfrequenz und wenn – ganz im Sinne einer Anerkennungspädagogik – *Resonanz* zwischen Menschen entstehen kann[10]. In Rück-

---

[10] Der Resonanzbegriff verweist auf Hartmut Rosas Verständnis von Resonanz, welches implizit Berger und Luckmanns Idee der Kommunikation als Identitäts- und Wirklichkeitskonstruktionsprozessor aufgreift bzw. radikalisiert (vgl. Rosa 2016). Rosa erläutert das Phänomen folgendermaßen: *„Das ist ein Moment von Resonanz [...] in der uns eine Sache plötzlich wirklich berührt. Das kann ein Anblick sein, vielleicht von einer Landschaft, aber auch ein Mensch, dem wir*

griff auf Meueler soll dieser kommunikativ und über soziale Interaktionspraktiken vermittelte Prozess der kontinuierlichen Kohärenzbildung und -aufrechterhaltung als „Identitätsarbeit" bezeichnet werden (Meueler 2017, S. 64). Alkemeyer hebt den „transitorischen Status, die Unabgeschlossenheit" der Identitätsarbeit hervor (Alkemeyer 2013, S. 34). Subjekt und Identität sind Entitäten, „die es nur in historisch wandelbaren sozialen Praktiken gibt" (a.a.O., S. 33). Praktiken und Subjekte stehen in einem reziproken Verhältnis zueinander, sie konstituieren und verändern sich in einem kontinuierlichen Prozess (vgl. a.a.O., S. 34). In dieser praxeologischen Perspektive:

> „[...] wird der Ausgangspunkt sozialen Handelns nicht in autonomen Subjekten lokalisiert, vielmehr gehen Subjekte mit ihren spezifischen sozialen Identitäten [...] ihren Selbstbeziehungen und Kompetenzen aus der Teilhabe an sozialen Praktiken hervor." (ebd., S. 61)

Die sich so vollziehende Praxisteilhabe sei ein notwendiger, aber nicht hinreichender Aspekt von Subjektivierung und Identitätsarbeit, so Ricken (vgl. Ricken 2013, S. 84).

---

begegnen, oder eine Melodie, die wir hören, oder eine Idee, [...] die uns plötzlich sozusagen inwendig ergreift oder bewegt. [...] [Z]u einer Resonanzbeziehung kommt es dann, wenn wir mit dem, was uns berührt, in Interaktion treten und darauf antworten. Genau dadurch verwandeln wir uns." (Rosa 2020)

Er ergänzt, dass sich dieser Prozess stets auch als Anerkennungsgeschehen vollziehe. Zu Subjekten mit kohärenter Identität werden Menschen „weil sie in den – sich in (interaktiven) Praktiken vollziehenden – ‚doings' und ‚sayings' [sic] von anderen (als spezifische) anerkannt und adressiert werden" (ebd.). Auf dieser Grundlage kann eine anerkennungspädagogische Strategie operationalisiert werden, die insbesondere das Potential hat, chronisch kranke Menschen bei der Identitätsarbeit zu unterstützen bzw. beschädigte Identitäten zu *heilen*[11].

---

[11] Anerkennung wird als reziproker Prozess verstanden, in dem die Anerkennung des Gegenübers zur Bedingung des eigenen *Anerkanntseins* wird (vgl. Halbig 2002, S. 300). Eine pädagogische Perspektive auf den Anerkennungsbegriff hat praktischen Charakter und leitet eine Aufforderung zur Pädagogik der Differenz aus der o.g. Überlegung ab (vgl. Ricken 2013, S. 85). Die Betonung von Differenz, die sich häufig erst im Entzug von Anerkennung manifestiert, zielt auf die Konturierung eines Subjekts in Abgrenzung zum Gegenüber. Eine Pädagogik der Differenz wird jedoch nicht mit unkritischer Toleranz verwechselt, da diese mit einem Nicht-Interesse an der „Andersheit" des Gegenübers einhergehen kann (vgl. Müller-Commichau 2018, S. 42). Anerkennung impliziert jedoch ein authentisches Interesse am Anderssein des Gegenübers und die Bereitschaft, dieses auch zum Anlass für eigene Lernprozesse zu nehmen. Es gelte, dass „vorbehaltlose So-Sein" des Gegenübers wahrzunehmen, zu versprachlichen und für den pädagogischen Dialog zu vergegenständlichen (ebd.). Ricken ergänzt diese Handlungsaufforderung dahin gehend, dass das Subjekt nicht nur bedürftig nach Anerkennung ist, sondern auch selbst das Bedürfnis empfindet, andere anzuerkennen: „[E]s *geht nicht nur um Zentrik, d.h. Selbstbespiegelung und Anderengebrauch* [zur Stärkung v. Identität u. Selbstbewusstsein, Anm. M.W.], *sondern auch um die Alterität des Anderen, seine Fremdheit* [...]." (Ricken 2013, S. 89). Sich selbst vom anderen

3.2.1 Kohärenztheorie der Wahrheit: Erkennen und Begründen im Netzwerk

Ohne dass Berger und Luckmann dies explizit formulieren, korrespondiert ihre Theorie der Wirklichkeits- und Identitätskonstruktion mit einem kohärentistischen Verständnis von Erkenntnis. Die Begründung von Aussagen oder Überzeugungen geschieht – im Gegensatz zur empirisch-analytischen Korrespondenztheorie der Wahrheit – nicht mehr durch Rückführung auf basale (Sinnes-)Überzeugungen oder auf ein letztgültiges Prinzip/ Gesetz, sondern diese sind genau dann begründet, wenn sie sich als maximal kohärent in ein dynamisches, offenes Netz von Überzeugungen einfügen (vgl. Esfeld 2002, S. 42). Der Kohärentismus verwirft somit die Annahme, dass empirische Beobachtung der Dreh- und Angelpunkt von Erkenntnis sei. Basissätze über Beobachtungsüberzeugungen seien ohnehin stets theoriebeladen und durch subjektive Hintergrundannahmen gefiltert (vgl. Nida-Rümelin 1996, S. 48 f.). Ein Überzeugungsnetz sollte jedoch – um empirische Sachverhalte begründen und normative Aussagen rechtfertigen zu können – in sich schlüssig bzw. widerspruchsfrei sein. Ein weiteres Begründungskriterium ist seine Stabilität. Eine hohe

---

her zu lernen im Sinne einer Subjektivierung bedeutet in der Diktion Rickens, *„sich selbst sowohl vertraut als auch fremd zugleich zu sein"* (a.a.O., 97). Anerkennung bezieht sich in pädagogischer Lesart auf eine soziale Dimension von Lernen!

systematische Kohärenz liegt vor, wenn sich die Überzeugungen innerhalb des Überzeugungsnetzes gegenseitig stützen (vgl. Bonjour 1976. S. 286). Dennoch ist Beliebigkeit ausgeschlossen, sofern es sich, im Sinne einer Plausibilität, um die beste und naheliegendste Erklärung handelt, die eben bei gegebener Prämissenlage und bestehendem Hintergrundwissen in Frage kommen kann. Außerdem sind Überzeugungen, Erklärungen und Theorien niemals statisch, sondern können jederzeit einer Revision unterzogen werden (vgl. a.a.O., S. 304). Die systematische Kohärenz macht also eine Aussage über die „Qualität des Verweisungszusammenhangs, der das System im Ganzen als ein kohärentes konstituiert" (Badura 2002, S. 198). Für die Stabilität dieses Systems ist das Kriterium der *relationalen Kohärenz* entscheidend. Diese trifft Aussagen darüber, wie gut sich eine einzelne (neu entwickelte) Aussage, Deutung oder Überzeugung in ein bestehendes Überzeugungsnetzwerk integrieren kann (vgl. ebd.; Wenner 2004, S. 54). Wissenschaftliche Theorien sind, ähnlich wie Alltagstheorien, ebenfalls Teil des Überzeugungsnetzwerks. Im Vergleich zu Alltagstheorien sind sie jedoch im Überzeugungsnetz an zentraler Stelle positioniert, da sie über ein vergleichsweise hohes Maß an systematischer und relationaler Kohärenz verfügen (vgl. Nida-Rümelin 1996, S. 42).

3.2.2 Kohärentistischer Konstruktivismus: Konstruktion und Kohärenz als korrespondierende Prozesse des Erkennens und Begründens

Grundlegende Annahmen einer Kohärenztheorie der Wahrheit lassen sich somit durchaus mit systemisch-konstruktivistischen Annahmen, aber auch mit Erkenntnissen der Neuro- und Bewußtseinsforschung zu Erkenntnis, Wissen und Lernen in Einklang bringen:

1. Systematische und relationale Kohärenz verweisen auf die Notwendigkeit der Viabilität (neuen) Wissens und (neuer) Erfahrungen. Viabilität meint in diesem Zusammenhang die Passung oder Anschlussfähigkeit neuen Wissens und Erfahrungen an bestehende Netzwerkstrukturen bzw. an individuelle Deutungsmuster (vgl. Kraus 2006, S. 125). Diese Passung bezieht sich zum einen auf die theoretische Strukturierung von Sachverhalten in dem Sinne, dass Individuen nur dasjenige in ihr (neuronales) „Netzwerk" integrieren, was sie als tauglich bewerten, zum anderen auf die positive oder negative Anschlussfähigkeit hinsichtlich einer kontinuierlichen Identitätsarbeit zur Wahrheitsabsicherung bzw. hinsichtlich einer „Selbstreferentialität biographischer Konstruktion" (Alheit/ Dausien 2000, S. 275).

2. Vor allem mit Unterstützern eines sozialen Konstruktivismus in der Lesart von Berger und Luckmann, aber

auch mit Vertretern eines interaktionistischen Konstruktivismus (vgl. Reich 2001, S. 366 ff.) teilen Kohärentisten eine grundsätzliche Skepsis gegenüber einem naiven Realismus, wie er z.B. von Wissenschaftlern des empirisch-analytischen Paradigmas vertreten wird[12]. Diese betreiben die vermeintlich wertneutrale Beschreibung und Erklärung einer uneingeschränkt „tatsächlichen Welt" (Kromrey 2000, S. 23) bzw. setzen axiomatisch „die Existenz einer realen [...] Welt unabhängig von ihrer Wahrnehmung durch einen Beobachter voraus" (a.a.O., S. 24). Die Relativierung von Objektivität bzw. einer strikten Subjekt-Objekt-Dichotomie ist in der Struktur von kohärentistischen und konstruktivistischen Begründungsstrategien verankert; die Relativität und Tendenz zur Dekonstruktion aller Erkenntnis und ihrer Abhängigkeit von anderen Theorien, Einstellungen,

---

[12] Hug weist darauf hin, dass es weder den Konstruktivismus im Allgemeinen, noch den pädagogischen Konstruktivismus im Speziellen gibt. Zu heterogen seien die unterschiedlichen Diskursstränge hinsichtlich erkenntniskritischer, wissenschaftstheoretischer und methodologischer Annahmen (vgl. Hug 2015, S. 455 ff.). Die begriffliche Verknüpfung „systemisch-konstruktivistisch" ist auf eine breite Rezeption der Systemtheorie in konstruktivistischen Positionen zurückzuführen sowie auf die „differenztheoretische[n] Modellierung von Beobachtungsinstanzen, die nicht als unabhängige feste Größen zu sehen sind, sondern die im Prozess durch ihre Unterscheidungstätigkeiten erst hervorgebracht werden" (a.a.O. 456).

Annahmen und Erkenntnissen ist Teil der DNA beider erkenntnistheoretischer Positionen; hier gibt es keine selbstevidenten, isolierten Überzeugungen. In der kohärentistischen Epistemologie werden diese durch die netzwerkartige Abhängigkeit von Aussagen oder Wahrnehmungen kompromittiert (vgl. Badura 2002, S. 198), in konstruktivistischen Ansätzen durch den Bewusstseins- und Interpretationsfilter eines subjektiven Gehirns (vgl. Reich 2002).

3. Darüber hinaus wird in beiden Erkenntnisschulen angenommen, dass Sprache als Medium von Erkenntnis untrennbar an unterschiedliche Gesellschaften, gesellschaftliche Teilsysteme und Lebensbereiche gekoppelt ist. Hier existiert jeweils eine eigene, historisch gewachsene Sprache, ein eigener Code, der ein je eigenes Weltbild transportiert sowie unterschiedliche normative Überzeugungen widerspiegelt (Wolf/ Schaber 1998; Berger/ Luckmann 2018; Luhmann/ Jahraus 2011, S. 78 f.). Darüber hinaus ist Sprache und Kommunikation ein Medium zur Herstellung von Identität stiftender Kohärenz. Wohlraab-Sahr betont in diesem Zusammenhang die Technik des biografischen Erzählens als

„unverzichtbares Mittel zur Herstellung zeitlicher und sachlicher Zusammenhänge" (Wohlrab-Sahr 2006, S. 93)[13].

Die bisherigen Betrachtungen münden zusammenfassend in das erkenntnistheoretische Fundament eines *kohärentistischen Konstruktivismus*. Übertragen auf den hier eingeführten Schlüsselbegriff der Identität, wird hierunter die netzartig organisierte, biografisch gewachsene Struktur von Erfahrung bzw. ein Ich-Überzeugungsnetzwerk verstanden inklusive aller geronnenen Deutungsmuster, Kernannahmen über Leben und Welt, Glaubenssätze, Kompetenzen, Ziele und vermeintlich erfolgreiche und wiederholt abrufbare Verhaltensstrategien. Wohlraab-Sahr bezeichnet ein solches Netzwerk als eine „unhintergehbare ‚Realität' (Herv. i. Org.)", die im Verlauf einer Biografie entsteht (a.a.O., S. 88 f.). Auf ein derart stabiles Netzwerk nehmen fremde Strukturen, Einstellungen, Deutungen etc. in dynamischer Weise Bezug. Ziel eines Individuums ist seine

---

[13] Vor diesem Hintergrund entstand in den vergangenen Jahren eine sog. *Narrative Palliative Care*, die sich die Effekte des biografischen Erzählens für die End-of-Life-Versorgung zunutze macht: *„Just as stories give meaning to our lives, stories help us make sense of the end of life. A story has coherence and completeness, even when it does not neatly wrap up an experience or a lifetime of experiences. [...] For caregivers, lay and professional, exploring story in its telling and its listening enables them to honor and validate the suffering of patients and their own suffering"* (Stanley/ Hurst 2011, S. 53; vgl. auch Chochinov 2017).

Wahrheitsabsicherung, die es selbst zum (wahrnehmba-ren) Subjekt macht und seine Identität stabilisiert. Eine sta-bilisierte Identität manifestiert sich in einer subjektiv akzep-tablen und kohärenten Selbstwahrnehmung („Ich bin okay"). Maßgebliche Werkzeuge zur Identitätsarbeit, aber auch zur Synchronisation divergierender Wahrnehmungen und konfligierender Erfahrungen, sind Kommunikation[14], Begegnung und Anerkennung; sie sind Prozessoren der Erkenntnis, unterstützen die Entwicklung neuer Überzeu-gungen bzw. initiieren Revisionen des Ich-Überzeugungs-netzwerkes zur Wirklichkeitsabsicherung. Kommunikation, Begegnung und Anerkennung vollziehen sich als perfor-mative Akte im Rahmen sozialer Praktiken und werden durch diese (im Sinne einer kohärentistischen Wahrheits-theorie) begründet.

4 Chronische Krankheit als Identität perturbierende Biografie-Zäsur

Berger und Luckmann betonten in ihrer wegweisenden Publikation, wie bereits oben erwähnt, die identitäts- und wirklichkeitsabsichernde Bedeutung intersubjektiver

---

[14] Der Begriff Kommunikation wird alternierend mit dem Begriff Interak-tion verwendet. Beide umfassen nicht nur rein sprachliche Akte, son-dern darüber hinaus Gestik, Mimik und Atmosphäre (vgl. Beushausen 2020, S. 56), aber auch Aspekte wie Resonanz oder prozessuales Miteinanderarbeiten.

Kommunikation im Kontext von Alltag und Routinen. Die „unentwegte Unterhaltung" (Berger/ Luckmann 2018, S. 163) garantiere den Erhalt und die kontinuierliche Restrukturierung subjektiver Wirklichkeit und Identität im Sinne eines *Sich-selbst-ins-Verhältnis-setzen* zur Welt. Wenn diese routinierte „Unterhaltung" durch ein ungewöhnliches Ereignis wie z.B. eine chronische Krankheit unterbrochen wird, kann Identität beschädigt werden oder gar zusammenbrechen (vgl. Wohlrab-Sahr 2006, S. 92). Ein Zusammenbruch von Identität liegt vor, wenn „eine Person sich in bestimmten Teilen ihrer Vergangenheit und Gegenwart [...] nicht mehr *wiedererkennt*, d.h. sich nicht mehr als Person *weiß* [... ; Herv. i. Org.]" (ebd.). Ein Mensch dissoziiert regelrecht, er steht in einem Missverhältnis zur subjektiv erfahrenen Wirklichkeit; Bewusstsein und Identität desintegrieren sich von ihrer jeweiligen Plausibilitätsstruktur, von ihrer Welt. Eine buchstäbliche Eskalation dieses Zustandes lässt sich z.B. eindrücklich bei Menschen mit sogenannten multiplen Persönlichkeiten oder mit fortgeschrittener Demenz erkennen (vgl. Fiedler 2014, S. 11).

Auch Bury unterstützt Bezug nehmend auf den Soziologen Anthony Giddens die These, dass chronische Erkrankung eine disruptive biografische Erfahrung sei und Alltagsroutinen aus dem Lot brächten. Insbesondere chronische Krankheit sei genau die Art von Erfahrung, bei der „Strukturen des Alltagslebens und die ihnen zugrunde liegenden

Formen des Wissens zerstört werden" (Bury 2009, S. 77).
Übertragen auf o.g. Überlegungen zu Wahrnehmung und
Deutung subjektiver Realität bedeutet dies, dass ein Erkenntnisnetzwerk, inklusive seiner eingespurten Deu-
tungs- und Interpretationsmuster zu Selbstthematisierung
und Identitätsarbeit, nur noch bedingt oder nicht mehr funk-
tioniert; die Plausibilitätsstruktur entplausibilisiert sich; sie
verändert sich unkontrollierter, als dass Veränderungen
bewusst und schnell genug vom Individuum verstanden
und kohärent ins eigene Gewissheiten-Netzwerk integriert
werden könnten. Doch eine Beschädigung von Identität
vollzieht sich selten eruptiv oder sprunghaft. „Der Verlust
von *Beiläufigkeit* ist das Signal für einen Bruch in den Routinen und [...] eine Gefahr für die Gewissheit der Wirklichkeit" (Herv. M.W.; Berger/ Luckmann 2018, S. 164). In
Summe kann eine chronische Krankheit als Komplex von
Perturbationen verstanden werden, der identitäts- und
wirklichkeitszersetzend wirkt. Dieser Prozess wird nachfolgend präzisiert.

4.1 Beschädigte Identität aufgrund perturbierter Lebenswelt

Der Begriff Lebenswelt erfährt nicht nur in der Soziologie
eine inflationäre und unpräzise Verwendung, sondern auch
in der Pflegewissenschaft, Pflegepädagogik sowie in den
Arbeitsfeldern der praktischen Pflege. In der Erwachsenen-

bildung hat das Phänomen Lebensweltorientierung zu Beginn der achtziger Jahre des vorigen Jahrhunderts große Beachtung gefunden, vor allem angesichts der Analyse von Lernvoraussetzungen, -fähigkeiten oder -barrieren von Lernenden (vgl. Barz/ Tippelt 2018, S. 162). Insofern nimmt es nicht wunder, dass das Konzept *Lebensweltorientierung* zur Begründung erwachsenenpädagogischen Handelns avancierte. Der pädagogische Hebel setzt an milieuspezifisch und lebenslagenspezifisch geprägten Deutungsmustern an (vgl. a.a.O., S. 164).

Um Irritationen zu vermeiden, soll im Rahmen dieser Untersuchung zunächst eine Differenzierung in die Begriffe *Lebenslage* und *Lebenswelt* als Determinanten von Alltag, Subjektivierung und Identitätsarbeit bevorzugt werden. Diese Unterscheidung, die auf Kraus zurückgeht, wird der „postmodernen Verfasstheit gegenwärtiger Gesellschaftsstrukturen [und moderner sozialphilosophischer Subjekt-Interpretationen und -Konzeptionen; M.W.] gerecht" (Kraus 2006, S. 123). Darüber hinaus wird zu zeigen sein, dass ein solches Verständnis von Lebenslage/ Lebenswelt eine „konsequente[n] Orientierung an den Adressaten/-innen mit ihren spezifischen Selbstdeutungen und Handlungsmustern in den gesellschaftlichen und individuellen Bedingungen und den sich daraus ergebenden Schwierigkeiten und Optionen" mit sich bringt (Thiersch/ Grundwald 2002, S. 129).

Zwar werden die Begriffe Lebenslage und Lebenswelt nachfolgend analytisch separiert und isoliert betrachtet, im Rahmen der Unterstützung konkreter Menschen verweisen sie jedoch aufeinander, sind miteinander verschränkt. Der Begriff Lebenswelt betont den subjektiven Charakter von Alltag, verweist jedoch zugleich auf objektive Rahmenbedingungen dieser Subjektperspektive.

„Umgekehrt werden mit dem [...] Lebenslagebegriff zwar vor allem die Rahmenbedingungen eines Menschen benannt, ohne jedoch die Subjektivität der Wahrnehmung dieser Rahmenbedingungen außer Acht zu lassen." (Kraus 2006, S. 123)

4.1.1 Objektive Realitätskonstruktion: Lebenslage

Lebenslage verweist also auf eine physikalisch-objektive Welt, auf eine das Subjekt umgebende Realität[15] (vgl. a.a.O., S. 124). Auch wenn Barz und Tippelt unter einer Lebenslage „das Ensemble der Lebensbedingungen von Gesellschaftsmitgliedern, das ihnen im Vergleich zu anderen Menschen Vor- oder Nachteile bringt" verstehen (Barz/Tippelt 2018, S. 165), verweist der Terminus Lebenslage auf objektive Rahmenbedingungen eines Menschen,

---

[15] Als **Realität** soll weiterführend die physikalische Welt bzw. die Aspekte der Lebenslage bezeichnet werden, die subjektive Erlebenswelt als (konstruierte) **Wirklichkeit** bzw. das Subjekt umgebende Lebenswelt (vgl. Roth 1996, S. 316).

die mehr beinhalten als materielle Gegebenheiten. Lebenslage subsummiert neben solchen ökonomisch-materiellen Aspekten wie Einkommen oder Eigentum zahlreiche physikalisch-unmittelbare Umweltaspekte, wie z.B. die Wohn- und Arbeitssituation oder vorhandenen Infrastruktur (Verkehr, Bildung, etc.). Darüber hinaus inkludiert Lebenslage immaterielle Umwelt- und Alltagaspekte wie Sprache, Jargon, milieuspezifisches Verhalten, kollektiv geronnene Normen und geistig-kulturelle Sinnmuster wie z.B. Religion, aber auch weitere Bedingungsfaktoren wie z.B. Qualifikationen (vgl. Beushausen 2020, S. 66 f.). Im Falle von chronischer Erkrankung kommen Institutionen des Gesundheits- und Sozialversicherungswesens mit ihren Akteuren, Strukturen und Regeln hinzu. Schließlich interpretiert Kraus sogar Aspekte wie „die eigene körperliche Verfasstheit (dick-dünn, groß-klein, weiblich-männlich, gesund-krank)" als Teilmenge von Lebenslage (Kraus 2006, S. 124). Exemplarisch für die Konstituenten von Lebenslage, sollen nachfolgend drei wesentliche Teilaspekte und ihr Potential zur Identitätsstärkung bzw. -schädigung näher erläutert werden.

4.1.1.1 Soziales Umfeld: Familie/ Angehörige

Corbin und Strauss verstehen chronische Krankheit nicht als Dysfunktionalität eines isolierten Individuums, sondern stets als soziales Phänomen (vgl. Corbin/ Strauss/ Hildenbrand 2010). Maßgeblicher Aspekt der Lebenslage ist in diesem Zusammenhang die Familie bzw. Angehörige[16]. In der Nomenklatur von Berger und Luckmann nehmen Angehörige die Rolle der „signifikanten Andere[n]" ein. Als solche üben sie einen starken Einfluss als „Wirklichkeitsgaranten" aus und sind somit als Ressource im Rahmen der Krankheitsbewältigung bzw. Alltagsgestaltung unersetzlich. Auch Hildenbrand betont die Vorrangstellung der Angehörigen „als *Ort* [Herv. M.W.] zur Bewältigung chronischer Krankheit" (Hildenbrand 2009, S. 141). Er betrachtet die Einbindung Angehöriger in die Versorgung jedoch nicht nur als Ressource, sondern auch als Konfliktquelle:

> „Ein Beispiel dafür wäre ein Verwandtschaftssystem,
> das die häusliche Pflege durch die Schwiegertochter
> [...] fraglos erwartet, obwohl der Schwiegertochter im

---

[16] Angesichts der Benennung der unmittelbaren sozialen Umwelt eines Menschen zeigt sich in der pädagogischen und pflegerischen Literatur eine begriffliche Vielfalt, vor allem eine Heterogenität im Begriffsverständnis der Begriffe An- und Zugehörige (vgl. Bauernschmidt/ Dorschner 2018). Um Missverständnisse zu vermeiden und der Pluralisierung von Lebensformen gerecht zu werden, wird im Rahmen dieser Analyse neben dem Begriff *Familie* der Terminus der *Angehörigen* bevorzugt (bzw. der Terminus *Zugehörige* vermieden). Der Begriff *Angehörige* meint vornehmlich Familienmitglieder, subsummiert aber auch andere Menschen aus dem sozialen Umfeld des pflegeempfangenden Menschen. Familie bzw. Angehörige sind charakterisiert durch unbedingte Solidarität, die im System existierenden Beziehungen sind i.d.R. dauerhaft angelegt und *„durch ein hohes Maß an generalisierter affektiver Zuwendung charakterisiert"* (Hildenbrand 2009, S. 141).

bisherigen Zusammenleben keine Anerkennung entgegengebracht worden ist." (ebd.)

Solche Konflikte gilt es unter systemischen Vorzeichen zu analysieren, da jede Einzelveränderung innerhalb dieser Dynamik das gesamte System Familie verändert (vgl. a.a.O., S. 142). Hildenbrands Beispiel zeigt, dass Interaktionsdynamiken in der Krise neu austariert, neue alltagstaugliche Routinen entwickelt werden müssen. In diesem Zusammenhang sehen sich Familien herausgefordert, Neues auszuprobieren und Lernpotentiale anzunehmen (vgl. ebd.). Insgesamt können, so behaupten Schaeffer und Moers, Familien im Rahmen der Bewältigung einer chronischen Krankheit und einer konstruktiven Alltagsgestaltung trotz Einschränkungen gestärkt hervorgehen, sofern sie „nicht nur die Krankheit, sondern das durch die Krankheit irritierte und beschädigte Leben" als Ganzes im Blick behalten (Schaeffer/ Moers 2009, S. 114). Hildenbrand rät:

„[...] das, was ‚bewältigt' werden kann, in Angriff zu nehmen, das, was außerhalb der Kontrolle der Familie liegt, zu akzeptieren, und schließlich zu lernen, mit dem Krankheitsgeschehen zu leben." (Hildenbrand 2009, S. 142)

Was hier recht leichtfüßig und vermeintlich selbstverständlich daherkommt, muss an anderer Stelle im Rahmen der pflegerischen Patientenedukation praktisch operationalisiert werden. Eine solche Operationalisierung setzt konzeptionell stets am sozialen Umfeld an, nicht nur am betroffenen Individuum.

4.1.1.2   Bedrohte ökonomische Situation

Krankheit und Armut wirken bidirektional hinsichtlich Ursache- und Wirkungsabhängigkeit. Gesundheitssoziologische Studien konzentrieren sich jedoch vornehmlich auf Krankheit als abhängige Variable bzw. untersuchen die Frage, welche sozio-ökonomischen Milieueigenschaften, Strukturen und Prozesse pathogene Vorgänge befördern oder auslösen (vgl. Lampert/Kroll 2010). Chronische Krankheiten wie z.B. Krebs beschädigen nicht nur Menschen und ihre Identitäten, sondern können zudem ihre ökonomische Situation erodieren bzw. Armut erzeugen. Menschen mit Krebserkrankung:

- müssen in der Akutphase viele Therapietermine und stationäre Klinikaufenthalte wahrnehmen,
- erleiden therapiebedingte Komplikationen, die zusätzliche Behandlungszeit beanspruchen (vor allem Infektionen, Unverträglichkeitsreaktionen etc.),
- sind ggf. körperlich-funktional eingeschränkt, z.B. nach notwendigen Amputationen bei Sarkomen oder krankheits- oder therapiebedingten neurologischen Schädigungen,

- sind häufig dauerhaft erschöpft – man spricht in diesem Zusammenhang vom Fatigue-Syndrom – oder manifest depressiv.

Aus diesen Gründen kommt es zu häufigen und anhaltenden Krankschreibungen. Patienten machen sich daher Sorgen um ihren Arbeitsplatz bzw. um sinkende Einkommen, insbesondere dann, wenn die finanzielle Situation ohnehin schon knapp bemessen ist oder der Patient selbständig arbeitet[17]. Privat krankenversicherte Arbeitnehmende erhalten nicht automatisch Krankentagegeld. Gesetzlich versicherte sind zwar mit den Mitteln aus Lohnfortzahlung und Krankengeld bis zu 78 Wochen finanziell abgesichert, doch wenn die Erkrankung einen chronischen Verlauf einschlägt, eröffnen sich für viele Betroffene nach Ablauf dieser Sozialleistung existentielle Fragen (Krebsinformationsdienst 2020). Büttner et al. haben außerdem Selbstbeteiligungskosten von Patienten an therapeutischen Maßnahmen erhoben und diese als belastend bewertet, insbesondere für sogenannte „Low-income groups" (Büttner et al. 2019), zu denen z.T. auch berentete Menschen gehören. Insgesamt fehlen für Deutschland tragfähige Statistiken zur

---

[17] Das ergeben Auswertungen von Pflegestützpunkten. Fragen zu Finanzen und zu leistungsrechtlichen Unterstützungen gehören zu den am häufigsten artikulierten Fragen von Ratsuchenden (vgl. Leib-Gerstner 2012, S. 39 f.). Alle im Fließtext genannten Risiko-Aspekte beziehen sich gleichermaßen auf pflegende Angehörige.

Erwerbstätigkeit mit und nach Krebs sowie zu Einkommensverlusten, finanziellen Belastungen und zum Ausmaß von Transferleistungen im Rahmen der sozialen Sicherung (vgl. Freund et al. 2019, S. 58). Für erwerbstätig Betroffene ist der Verlust des Arbeitsplatzes in jedem Fall ein realistisches Risiko, das Ausscheiden aus dem Erwerbsleben eine Eskalation. Berufliche Perspektiven sind gemindert oder gehen verloren. Darüber hinaus werden chronisch Kranke ggf. aus dem System Arbeit als relevante Säule der gesellschaftlichen Teilhabe exkludiert (vgl. Freund et al. 2019, S. 23 f.).

> „Arbeit ist eben nicht nur Broterwerb, sondern auch Bedürfnis. Sie ist wesentlich für die Bestätigung des Ichs, sie ist bedeutsam für die soziale Einbindung." (a.a.O., S. 24)

4.1.1.3 Imperativ zu Gesundheit und Leistungsfähigkeit

Insgesamt sollte der Benefit des deutschen Gesundheitssystems für die Bevölkerung gewürdigt werden. Trotz struktureller und prozessualer Defizite steht kranken Menschen ein leistungsfähiges und differenziertes Hilfeangebot bereit. Aus soziologischer und pädagogischer Perspektive ist jedoch die Tendenz des sozialen Umfelds zur Reduktion des chronisch kranken Menschen auf das Kranksein ein nicht zu unterschätzendes Strukturelement von

Lebenslage[18]. Dieses Stigma hat seinen Grund v.a. in der stark pathogenetisch bzw. biomedizinischen Prägung des deutschen Gesundheitswesens (vgl. Bengel/ Lyssenko 2012, S. 6). Symptome, Diagnostik, Therapie und das ärztliche Tun stehen im Mittelpunkt allen Handelns. Das Gesundheitssystem und die mit diesem System korrespondierende Gesetzgebung, vor allem zur Finanzierung von Leistungen, zielt auf effiziente Kuration. Das Sozialgesetzbuch und die in ihm legitimierten Diagnose- und Operationenkataloge definieren, wer krank oder arbeitsunfähig ist und welche Leistungen mit einer Diagnose verbunden sind. Darüber hinaus sind an einer ärztlichen Diagnose wichtige Leistungsansprüche wie Arbeitsunfähigkeit und Krankengeld gekoppelt (vgl. Kap. 4.1.1.2). Gesundheit wird nicht näher definiert, aber implizit vorausgesetzt. Vor diesem Hintergrund beklagt Krondorfer, dass der gesellschaftliche Druck auf kranke Menschen steige, Verantwortung für die eigene Genesung zu übernehmen, Krankheit schnell zu bewältigen bzw. leistungsfähig zu werden. Die „Selbstverantwortung" der „funktionierenden Individuen" habe sich als mentale Umwelt unserer Lebenslage bzw. in unserer Leistungsgesellschaft verfestigt (Krondorfer 2015, S. 2 ff.).

---

[18] Auf Definitionen der Begriffe Gesundheit und Krankheit bzw. auf gesundheitswissenschaftliche Diskussionen zu Determinanten und Variablen von Gesundheit/ Krankheit kann an dieser Stelle verzichtet werden; vgl. hierzu Kapitel 5.

„Gesundsein ist zur Norm geworden. Strukturell be-
dingte krankmachende Faktoren werden den Einzel-
nen zugeschrieben, die sich via Gesundheitssorge
reparieren sollen." (a.a.O., S. 5)

Für chronisch kranke Menschen, die ggf. nicht mehr leistungsfähig sind, ist eine vollständige *Reparatur* aber ohnehin nicht mehr möglich. Es gibt ein Leben vor und nach der
Diagnose, dann dauerhaft unter den Vorzeichen der krank-
heitsbedingten Einschränkungen. Die Krankheit wird zum
biografischen Attribut eines Subjekts, zum untrennbaren
Teil seiner Identität (vgl. Seltrecht/ Nittel 2013, S. 122). Gerade chronisch Kranke sind i.d.R. um aktive Einflussnahme
am Behandlungsgeschehen bemüht, fühlen sich jedoch
häufig im Rahmen der professionellen Gesundheitsinstitu-
tionen zur Passivität bzw. Fremdbestimmung verdammt
(vgl. Schaeffer 2006, S. 196).

4.1.2 Subjektive Wirklichkeitskonstruktion: Lebens-
welt

In Rückgriff auf Kraus' Differenzierung meint Lebenswelt
die durch das Subjekt wahrgenommene, aufsummierte Lebenslage bzw. Realität. Die subjektive Erlebenswelt eines
Individuums ist seine konstruierte Wirklichkeit (vgl. Kraus
2006, S. 124). Kraus verdeutlicht den Unterschied am Beispiel des menschlichen Körpers:

So gehört beispielsweise der Körper eines Menschen [...] zu seiner Lebenslage, die subjektive Wahrnehmung dieses Körpers [...] zur Lebenswelt. (ebd.)

Wie bereits oben angedeutet wurde, bezeichnet Kraus den Körper und seine Charakteristika als „körperliche Verfasstheit" (ebd.). Der Begriff der Leiblichkeit wird im Rahmen dieser Arbeit als treffender eingeführt. Beushausen versteht unter Leiblichkeit eine Körper-Seele-Geist-Einheit:

„Hier erfahren Menschen etwas über eine Person; das, was die Person über ihren Leib preisgibt, aber auch, was die anderen Menschen der Person zuschreiben (Identifizierung)." (Beushausen 2020, S. 122)

Die vorliegende Studie ergänzt und expliziert dieses bisweilen immer noch sehr auf Lebenslage orientierte Verständnis von Leiblichkeit bzw. Leib um den lebensweltlichen Aspekt der eigenen Körperwahrnehmung im Sinne einer subjektiven Wirklichkeitskonstruktion. Leiblichkeit ist somit ein klammernder Terminus, der die Sphären Lebenslage und -welt miteinander verschränkt. Die sich im Rahmen einer bösartigen Erkrankung verändernde Leiblichkeit ist, wie noch zu zeigen sein wird, Lernanlass und Objekt von Lernarbeit.

In der Lesart von Kraus ist Lebenswelt ein stark konstruktivistisch konnotierter Begriff. An dieser Stelle greifen wir auf Erläuterungen in Kapitel 3 zurück; seine Verwendung impliziert die Kernannahme konstruktivistischer Erkenntnistheorie, dass einem Menschen ausschließlich dessen subjektiv gefilterte, interpretierte und konstruierte Wirklichkeit zugänglich ist, aber nicht eine vermeintlich objektive Realität. Inwieweit nun ein konstruiertes Erkenntnisnetzwerk mit vermeintlich objektiven, realen Zuständen übereinstimmt, kann niemals abschließend überprüft werden. Insofern ist Lebenswelt, sofern man dieses Phänomen überhaupt als Phänomen sui generis betrachten kann, ein deutender, kategorisierender, emotionalisierender, neurologischer Apparat, der jedoch in letzter Konsequenz unauflösbar in Lebenslagen eingebettet ist und vice versa:

„Die Lebenswelt eines Menschen korreliert [analog zum Phänomen der Identität, Anm. M.W.] also mit dessen Lebenslage in derselben Weise, wie die Wirklichkeit mit der Realität – das eine ist das unhintergehbar subjektive Konstrukt, das unter den Bedingungen des anderen gebildet wird." (Kraus 2006, S. 125)

4.1.3 Lebenswelt und Biografie

Im (chronisch kranken) Menschen selbst manifestiert sich Lebenswelt; in seiner subjektiv empfundenen, biografisch erzeugten und gefestigten Kohärenz, in seiner aktuellen Stimmung, seiner Grundhaltung zur Welt, seiner Resonanzfähigkeit, seinem Selbstbewusstsein und seiner Wankelmütigkeit. Chronische Krankheit ist die krisenhafte Zumutung[19], die eine Person, ihre Lebenswelt (inkl. der diese determinierende Lebenslage) angreift und Identität zersetzt, indem zentrale Konstruktions- und Deutungsmodi, die sich in der bisherigen Biografie bewährt hatten, infrage gestellt werden. Die Phänomenologie einer chronischen (Krebs-)Krankheit und das mit ihr korrespondierende Identität zersetzende Potenzial ergibt sich aus der je individuellen Verschränkung von zur Disposition stehenden Lebenslage und Lebenswelt. Auf einen kurzen Nenner gebracht, könnte man formulieren: Jede chronische Krankheit ist anders und jeder Betroffene geht anders mit dieser Krise um. Seltrecht und Nittel haben die phänomenologischen Unterschiede hinsichtlich Vorsorge, Diagnosestellung, Therapie und Aneignungsprozesse durch Patienten im Rahmen einer Gegenüberstellung der Diagnosen Brustkrebs und Herzinfarkt eindrucksvoll herausgestellt und den Bezug zur biografisch determinierten und geronnen Identität betont.

---

[19] Zumutung bzw. Zumutbarkeit wird hier verstanden als *„das rechte Maß zwischen Unter- und Überforderung, zwischen Unter- und Überschätzung dessen, was ihm* [einem Patienten; M.W.] *möglich und zuträglich ist"* (Blankenburg 1997, S. 22).

Im Rahmen der Analyse von Krankheitsaneignung konnten sie in narrativen Interviews sehr unterschiedliche Lernprozesse feststellen (vgl. Seltrecht/ Nittel 2013):

> „Während beim Herzinfarkt der Ereignischarakter der Krankheit relativ schnell zur kognitiven Gewissheit beiträgt, sieht es bei der Kontrasterkrankung Brustkrebs anders aus. Der Prozesscharakter der Erkrankung korrespondiert mit dem prozessualen Charakter des Umgangs mit ihr. Hier muss unter Zuhilfenahme vorhandener Wissensbestände, der alltagsweltlichen Eigentheorien und des im einsetzenden medizinischen Behandlungsprozess angeeigneten Wissens die neue Situation [...] wahrgenommen und definiert werden." (a.a.O., S. 119)

Rezepthafte Strategien zur Akzeptanz und Bewältigung der krisenhaften Situation scheinen somit obsolet. Krise bedeutet Bruch in der Biografie; Identitätsarbeit meint vor diesem Hintergrund, biografische Kohärenz wiederherzustellen, sofern man einen Lebenslauf nicht nur als chronologische Abfolge von Geschehnissen begreift, sondern als beständiges Streben um „sinnhafte Strukturierung" (Nuissl 2010, S. 184). Identitätsarbeit bedeutet in dieser biografisch inspirierten Interpretation, „das individuelle Schicksal als nicht kontingent erscheinen [zu] lassen" (ebd.). Hier kann (erwachsenen-)pädagogische Arbeit und, wie noch zu zeigen sein wird, pflegerische Beratungstätigkeit konstruktiv ansetzen: Ziel ist u.a. die Aktivierung biografischer Ressourcen für einen Aneignungsprozess von Krankheit und die Wiedergewinnung von Handlungsfähigkeit im Rahmen bestehender Einschränkungen.

Hierzu muss ein professioneller Berater den Patienten verstehen lernen, um ihn anschließend im Prozess des Selbstverstehens zu unterstützen. Biografiearbeit ist ein methodischer Schlüssel, um die Lebenswelt eines Patienten zu erschließen. Dieser Prozess impliziert u.a. die Fragen nach den Ursachen, Zusammenhängen und Bedeutungen von Leid, berührt u.U. eine metaphysische bzw. theologische Ebene. Grundlage für eine professionelle Interaktion ist das *Verstehen* als Basiskategorie, um überhaupt erst Lernanlässe und viable Entwicklungsaufgaben zu erkennen (vgl. Wohlrab-Sahr 2006; Klingenberger/ Ramsauer 2017, S. 180 ff.).

4.2 Lernportfolio: Lernanlässe angesichts beschädigter Identität

Wie oben bereits erläutert worden ist, manifestiert sich jede Krankheit, selbst bei identischer oder ähnlicher Diagnose, identitäts-, lebenswelt- und biografieabhängig. Entsprechend unterschiedlich sind die konkreten Identität perturbierenden Aspekte, die daraus ableitbaren Lernanlässe und die mit diesen korrespondierenden Lernbedürfnisse.

Die grundsätzliche Frage lautet in diesem Zusammenhang: Wie eignet sich ein chronisch kranker Mensch (s)eine Krankheit an bzw. wie integriert er diese in seine Lebenswelt und Lebenspraxis? Um eine chronisch kranke Person zu verstehen bzw. die Komplexität ihrer Situation zu reduzieren, kann ein Analyseraster aus vier Ebenen hilfreich sein. Das von Nittel entwickelte Lernmodell analysiert idealtypisch vier Ebenen des Lernens, die in der Praxis eng miteinander verflochten sind:

- Die prozessuale Lerndimension verweist auf Lernzeitpunkte im Lebenslauf und die mit diesen korrespondierenden charakterlstischen Umstände der Lernsituationen (nachfolgend auch als Subdimensionen bezeichnet). Nittel unterscheidet diese in verwaltetes, zielgerichtetes, leidgeprüftes und schöpferisches Lernen (vgl. Nittel/ Hellmann 2017, S. 179 ff.). Alle vier Subdimensionen spielen bei Menschen mit einer Krebserkrankung in unterschiedlicher Ausprägung eine Rolle (vgl. Nittel 2013, S. 140). Diese vier charakteristischen Umstände von Lernsituationen werden weiter aufgeschlüsselt.

- Die strukturelle Lerndimension bezieht sich auf Lerninhalte, aber auch auf Lerngründe/ -motivationen (inkl. der Kategorien intentionales/ nicht intentionales Lernen, M.W.) eingedenk einer individuellen Viabilität (vgl. ebd.).

- Der Lernmodus fokussiert die Frage, wie sich Lernen vollzieht; Nittel unterscheidet hier die vier Kategorien Neulernen, Verlernen, Umlernen und Nichtlernen (vgl. ebd.). Der Autor (M.W.) ergänzt diese Dimension um die Kategorien informelles, non-formales und formales Lernen (Nittel bezeichnet diese Subdimension als „Lernkontext", verortet diese jedoch zur Dimension Lernort).
- Formales Lernen ist explizit, intendiert, institutionell organisiert, strukturiert, mehrheitlich fremdorganisiert, zielgerichtet, zum Ziel der Qualifizierung zertifiziert (vgl. Severing et al. 2014, S. 46 f.).
- Non-formales Lernen charakterisiert sich als implizit, intendiert, eingebettet in Arbeits- und Tätigkeitsprozesse, überwiegend selbstorganisiert (vgl. ebd.).
- Informelles Lernen zeigt sich als implizit, nicht intendiert, eingebettet in Arbeits- und Tätigkeitsprozesse, nicht organisiert/ strukturiert, kontingent, selbstorganisiert (vgl. ebd.); eine „natürliche Begleiterscheinung des täglichen Lebens" in dem Sinne, als dass es von Lernenden u.U. „gar nicht als Erweiterung ihres Wissens und ihrer Fähigkeiten bewusst wahrgenommen" wird (Komm. d. Europ. Gemeinschaften 2000, S. 9 f.).
- Mit Lernmodi korrespondieren die „Orte der Aneignung" wie z.B. Schule, Arbeitsplatz oder das eigene häusliche Umfeld (vgl. Nittel/ Hellmann 2017, S. 180).

Im Praxisfeld kann dieses Lernmodell nun zum Zweck der Erstellung eines Lernportfolios auf die Situation eines konkreten chronisch erkrankten Menschen angewendet werden, am ehesten im Rahmen von Beratungsgesprächen bzw. eines Assessments. Das Ergebnis solcher Gespräche schafft Überblick und priorisiert Lern- und Entwicklungsaufgaben. Die handlungsleitende Frage lautet aus pädagogischer und pflegerischer Perspektive: Worin besteht der Lernanlass des zu betreuenden Menschen? Woraus ergibt sich Lernarbeit? Welche Lernziele können zur Stärkung eines Identität stützenden Alltags definiert und erreicht werden? Um diese Fragen ansatzweise zu beantworten, sollen nachfolgend exemplarisch jeweils zwei Dimensionen zueinander in Beziehung gesetzt bzw. miteinander verschränkt und im jeweiligen Schnittpunkt der Achsen mit exemplarischen Lernanlässen/ -inhalten konkretisiert werden. Exemplarischer Anwendungsfall ist ein onkologisch erkrankter Patient mit infauster Diagnose.

4.2.1 Lernanlässe im Schnittfeld von prozessualer und struktureller Lerndimension identifizieren

Strukturelle Lerndimension	Wissensvermittlung	Verhaltensänderung	Erweiterte soziale Identität
Verwaltetes Lernen	Krankheitsentstehung, Diagnose und Therapie (evidenzbasierte Logarithmen) inkl. Chancen und Risiken	• Patientenrolle aneignen bzw. Anpassung an instabile Ablauf- und Erwartungsmuster im Zuständigkeitsbereich Medizin • Artikulation des Rechts auf Information im Sinne einer Selbstbestimmungsaufklärung	• Ambivalenz: reduzierte Möglichkeit der Partizipation einerseits, erhöhte Erwartung hins. Lernbereitschaft/ Anpassung andererseits • Relativierung der med. Engführung auf pathogene Anteile des Leibes („Ich bin doch nicht nur Tumor!")
Zielgerichtetes Lernen	• Symptome und Symptommanagement • Unterstützungsangebote finden und organisieren • Alternativmedizin als Ausdruck eines unbedingten (Über-) Lebenswillens • Subjektive Krankheitstheorien[1]	• Studienteilnahme • Selbstoptimierung • Lebensführung (ausgewogene Ernährung; Rauchen aufgeben etc.) • Relativierung/ Ablehnung weiterer Therapie i.S., Entscheidung zum Nichtlernen bzw. zum Sterben • Lebensführung unter den Vorzeichen subjektiver Krankheitstheorien	• Biographische Lernarbeit: In-Beziehung-setzen vergangener Erwartungen und gegenwärtigen Erlebens (vgl. Nittel 2013, S. 155) • Biografische „Baustellen" („besserer" Vater und Ehemann sein)
Leidgeprüftes Lernen		• Selbstaufopferung/ -sorge, Nein sagen • „Wie soll es denn ohne mich gehen?" Tätigkeiten/ Arbeit delegieren • Angst-/ Panikattacken, Stimmungsschwankungen, Resignation • Hoffnung an jeweiligen Stand der Verlaufskurve anzupassen	• Eigene Mitte/ Identität wiederfinden bzw. Wiedererlangung von Handlungsfähigkeit (Normalisierungsarbeit) • Biografische Kontinuität • Umgang mit und „Sinn" von Leiden
Schöpferisches Lernen		• Bewusster leben und wahrnehmen; Gelassenheit • Verlagerung von Hoffnung auf transzendentale Ebene; religiöse Riten • Opfertypisches, abhängiges Verhalten • Krebs als Impulsgeber: „Was kann mich jetzt noch schocken?" inkl. mehr Selbstbewusstsein, z.B. gg. Arbeitgeber	• Etablierung individueller Lebenskunst • Ich-Identität: Was macht mich unverwechselbar? Emanzipationsprozess • Beleben und intuitives Ausprobieren vernachlässigter Talente, Dispositionen und Rollen

1) Faltermaier und Brütt verstehen subjektive Krankheitstheorien „als Teil der retrospektiven Rekonstruktion der Identität nach einem Krankheitsereignis", sie sind „Teil der Biographiearbeit eines kranken Menschen" (Faltermaier/ Brütt 2009, S. 219).

Tabelle 1: Lernanlässe in der Schnittmenge aus prozessualer und struktureller Lerndimension

Die Tabelle offenbart in den Schnittmengen aus jeweils prozessualer und struktureller Lerndimension ein großes Spektrum an unterschiedlichen Lernanlässen. Die Subdimensionen der strukturellen Lerndimension werden als selbsterklärend vorausgesetzt; die von Nittel innerhalb der prozessualen Lerndimension unterschiedenen vier Subdimensionen, das verwaltete, zielgerichtetes, leidgeprüfte und schöpferische Lernen, bedürfen zumindest einer knappen Erklärung:

▪ Wie der Name der Subdimension bereits anklingen lässt, lernen Menschen im Rahmen des <u>verwalteten</u>

Lernens, ihre Patientenrolle zu finden und sich im institutionalisierten Setting des Systems Medizin zurechtzu-
finden. Neben der Vermittlung von Ablauf- und Erwartungen ist es Aufgabe des medizinischen Personals,
dem Patienten alle notwendigen Krankheitsfakten zu
vermitteln (vgl. Nittel 2013, S. 146).

- Das zielgerichtete Lernen ist ebenfalls zunächst ein
funktionaler Prozess. In einer Lebenskrise wird automatisch auf bewährte, biografisch geprägte Deutungs- und
Handlungsmuster zurückgegriffen, um in möglichst effi-
zienter Weise eine Lösung für ein Problem zu finden o-
der sich einem krisenhaften Zustand anzupassen. Im
Sinne eines ggf. notwendigen Umlernens bzw. einer
„Neukalibrierung" (a.a.O., S. 154) ist diese Lerndimension ein Ansatzpunkt für biografisch gestützte Lernarbeit.

- Leidgeprüftes Lernen korrespondiert in hohem Maße
mit der Hochphase von Krankheit und Therapie. Es beinhaltet jegliche Lernarbeit inkl. starker Reflektionstätig-
keit, um erneut Kontrolle über Leib und Leben zu gewin-
nen:

„Der spezifische Charakter dieses Lernprozesses
besteht aus einer Sequenz von Anpassungsschrit-
ten, die eine aktive Aneignung der Krankheit implizieren [...]. Es geht darum, den Grad an Hoffnung an

den jeweiligen Stand der Verlaufskurvenentwicklung anzupassen und zu lernen, die Hoffnung nicht ganz aufzugeben." (a.a.O., S. 162)

- Im Rahmen des <u>schöpferischen Lernens</u> kommt es zu einem Umbau der Ich-Identität. Ein solcher zunächst unbemerkter, aber nachhaltiger Umbauprozess ist dadurch gekennzeichnet, dass von Krankheit betroffene Menschen „Kreativitätspotentiale entdecken und kultivieren", in Summe ihre Haltung zur eigenen Biografie verändern, eine „neue Theorie über das eigene Selbst" entwickeln und ihre Lebenswelt anders, im besten Fall positiver wahrnehmen (ebd.).

Nachfolgend könnten zur weiteren Analyse von Lernanlässen und Lernsituationen nun weitere Dimensionen miteinander in Beziehung zueinander gestellt werden bzw. ein Lernassess-ment durch die Ergebnisse aus weiteren Lerndimensionen ergänzt werden. So ist das verwaltete Lernen z.B. vor allem durch die eher unidirektionale Wissens*vermittlung* von Professionellen an Patienten geprägt. *Lernorte* sind vornehmlich das Krankenhaus oder die fachmedizinische Praxis, Lernorte also, die durch klinische Sachlichkeit, Autorität oder Angst charakterisiert sind. Patienten müssen viele Dinge *neu lernen*, u.a. die medizinische Terminologie, aber auch grundsätzliche Ursache-Wirkungszusammenhänge, z.B. zur Frage, was eine

Krebserkrankung überhaupt ist, was ein Krebs im Organismus anstellt und wie Krebs bekämpft werden kann. Darüber hinaus erwirbt ein Patient Struktur- und Prozesswissen zu den Institutionen des Gesundheitswesens (Öffnungszeiten, Orte/ räumliche Orientierung, zu Personen und ihre Funktionen/ Kompetenzen, Visitenzeiten etc.). Im weiteren Krankheitsverlauf muss ein kranker Mensch ggf. bislang bewährte Handlungsschemata *umlernen* bzw. *Verhalten ändern*, weil sich biografisch verfestigte Strategien in der existentiellen Krise als nicht mehr viabel erweisen. Andererseits hat er sich eine stabile Patientenrolle angeeignet, kann sich selbstbestimmt neue Wissensquellen erschließen (z.B. Selbsthilfegruppen oder Internetangebote) und das Wissen mit Unterstützung durch Mediziner oder Fachpflegekräfte hinsichtlich Qualität, Neutralität und Viabilität einordnen; der Stellenwert der *non-formalen und informellen Lernarbeit* steigt mit wachsender Krankheitskompetenz und erhöht das Selbstbewusstsein.

4.2.2 Lernanlässe im Verlauf einer chronischen Krankheit

Die kurzen, schlaglichtartigen Zusammenhänge in Kapitel 4.2.1 zeigen, dass die unterschiedlichen Dimensionen in ihrer komplexen Verschränkung im Krankheitsverlauf unterschiedlich stark betont werden. Je nach chronologischem Standpunkt eines Patienten innerhalb seiner

Krankheitsverlaufskurve ergeben sich sehr unterschiedliche, individuelle Lernanlässe: Nach Diagnosestellung bzw. zu Beginn einer Krebserkrankung ist verwaltetes, faktenorientiertes Lernen konstitutiv. Noch unter Schock stehend, wird ein Patient hier womöglich wenig lernen, muss sich jedoch zügig die Rolle des Krebspatienten zu eigen machen; er nimmt im Vermittlungsprozess eine überwiegend passive, rezipierende Rolle ein.

Für den weiteren Krankheitsverlauf sind biografisch geprägte Handlungsmuster bzw. das zielgerichtete Lernen bedeutsam. Ziel ist, den Krebs zu besiegen und mit den bewährten Lebensstrategien möglichst schnell Normalität wiederherzustellen. Je nach internalisierten Handlungsmustern, kann z.B. eine fatalistische Grundhaltung wirksam werden bzw. eigene Lernarbeit kompromittieren („Wenn der Herrgott will ..."). Je nach Befund kann ein Betroffener auch die bewusste Unterlassung als Ziel propagieren („Es reicht! Mir geht es im Moment gut; einen weiteren Therapiezyklus werde ich nicht durchstehen!").

Auf dem Höhepunkt einer Krankheitsverlaufskurve manifestiert sich außerdem das leidgeprüfte Lernen, nämlich dann, wenn Rückschläge zu verkraften oder krankheits-/therapiebedingte Symptome zu erleiden sind. Nittel et al. haben daher in ihren Interviews mit Krebspatienten eine „gewisse Vorherrschaft des leidgeprüften Lernens" diagnostiziert (Nittel/ Hellmann 2017, S. 181). Trotz aller Tiefschläge konzentrieren Patienten ihre Energie, um ihre Lebenswelt unter Kontrolle zu behalten und Handlungsfähigkeit wiederzuerlangen. Maio nennt einige grundlegende Momente des Leidens bei Menschen mit chronischen Krankheiten, darunter das Leiden am Verlust der leiblichen Geborgenheit, das Leiden am Abschied von Verlässlichkeit, das Leiden an der Beschädigung des Selbstbildes, das Leiden an der Begrenztheit von Zeit und – abhängig von physischer Einschränkung – von Raum, sowie das Leiden am Verlust des Selbstverständlichen (vgl. Maio 2020, S. 5 ff.).

Schließlich „zeichnet sich bei tief greifenden Wandlungsprozessen der Selbstidentität [...] die Dominanz von Phänomenen des schöpferischen Lernens ab" (Nittel 2013, S. 168). Diese Phase ist nicht nur inspirierend im Sinne einer Ich-Identität-Stützung, sondern könnte Menschen mit infauster Prognose einen souveräneren Umgang mit der eigenen Endlichkeit eröffnen[20].

---

[20] Der Seelsorger Pisarski spricht in diesem Zusammenhang von *Sterbekunst*. Eine bedeutsame Anforderung für eine gelingende Sterbekunst ist die biografische Vorbereitung auf den Tod: *„Es gibt keine Lebenserfahrung, auf die wir uns so lange und so sorgfältig vorbereiten können, wie auf das Sterben"* (Pisarski 2005, S. 14). In diesem Sinne kann Biografiearbeit nicht nur als Ars vivendi, sondern auch als eine Ars moriendi interpretiert werden. Für Buddhisten und mystisch orientierte Christen ist z.B. Meditation Teil einer Ars vivendi, aber auch einer Ars moriendi, sozusagen eine einübende

Angesichts der Frage, wie Identitäten im Rahmen einer bösartigen Krebserkrankung beschädigt werden und wie ein Identität stützender Alltag ermöglicht werden kann – nicht zuletzt unter Mitwirkung einer pflegerischen Beratungspraxis – wird nun gewahr, dass vor allem die Lerndimensionen *Leidgeprüftes* und *Schöpferisches Lernen* und die in ihrem jeweiligen Kontext entstehenden, konkreten Lernanlässe und -modi mehr als bisher in den Fokus genommen werden sollten. In Anlehnung an Butler vollzieht sich gerade in solchen Lernphasen die spannungsreiche Reziprozität aus Unterordnung (der Krankheit) einerseits und Subjektbildung bzw. Identitätsumbau/ -stärkung im Sinne eines *Über-sich-hinaus-Wachsens* andererseits (vgl. Butler 2015, S. 15 ff.).

> „Bildungsprozesse [...] sind hierbei in einer schwierigen Ambivalenz situiert: zwischen Beratung zum ‚richtigen' Leben, das die gesundheitliche Selbstsorge impliziert, und dem Anraten und Erproben von Distanz zu und Distanzierung von allen maßregelnden Maßnahmen." (Krondorfer 2015, S. 02-6)

Antizipation des Nicht-mehr-Seins: *„Die Transformation des Bewusstseins, die jedem von uns im Leben möglich ist, erfordert unser aktives Engagement. Wir können uns nicht den Weg dorthin erdenken. Es geht nicht darum, einer Strategie zu folgen. Transformation erfordert eine ergebnisoffene Bereitschaft, sich verletzlich zu machen und das Unbekannte voll und ganz zu erfahren. Der Tod ist vielleicht das Unbekannteste überhaupt."* (Ostaseski 2017, S. 381 f.)

In der Interaktion zwischen Patient und professionellen Unterstützern können sich Lernfelder eröffnen, in denen es
einem chronisch erkrankten Menschen im Idealfall gelingt,
Lebenswelt im Sinne seiner Identitätsstärkung (als Ergebnis) konstruktiv und ergebnisoffen zu bearbeiten.

„Die aus der soziologischen Biographieforschung be-
kannte Ergebnissicherung eines Fallportraits, also
die biographische Gesamtformung einerseits und die
Wissensanalyse andererseits, wird somit um ein weiteres Element, das Lernportfolio, ergänzt. Erst auf
diese Weise gewinnt die Biographieforschung eine
genuin erziehungswissenschaftliche Prägung [Herv.
M.W.]." (Nittel/Hellmann 2017, S. 180)

5 Pflegeberatung als pädagogische Tä-
tigkeit

Als Ergebnis aus Kapitel 4 ergeben sich anspruchsvolle
Bildungsanlässe bzw. -arbeiten, bei denen an Krebs erkrankte Menschen Unterstützung benötigen, welche die
Berufsgruppe Pflege jedoch bisher nicht gezielt aufgreift
(vgl. Schaeffer/ Horn 2018)[21]. Insofern ist die Aussage an-
gemessen, dass pflegerische Edukationsarbeit – überträgt
man diese auf Nittels Lernmodell mit den vier Ebenen des

---

[21] Was der Autor aus eigener Anschauung und Erfahrung bestätigen
kann.

Lernens – im Hinblick auf die prozessuale Lerndimension überwiegend ein *Verwaltetes Lernen* unterstützt, im Hinblick auf die strukturelle Lerndimension die Aspekte Wissensvermittlung und erwünschte Verhaltensänderung in den Fokus rückt. Grund hierfür ist, dass sich in Deutschland die Berufsgruppe der Pflegenden organisatorisch und inhaltlich an das System Medizin angepasst hat und es von diesem abhängt (vgl. Schroeter 2005b, S. 392 f.; vgl. Gossens 2015, S. 39). Trotz aller professionellen Emanzipationsbewegungen und ohne den bisher geleisteten Verdienst der Berufsgruppe schmälern zu wollen, reiht sich der pflegerische Anspruch, Patienten zu informieren, zu schulen und zu beraten, zu einem nicht unerheblichen Anteil in einen Modus von Gesundheitsbildung ein, der charakterisiert ist durch:

1. Orientierung am biomedizinischen Paradigma,
2. eine Strategie der Bewältigung und Pflicht zur Gesundheit,
3. eine instruktionistische Vermittlungskultur,
4. eine enge Definition von Alltagskompetenz.

Zu 1: Orientierung am biomedizinischen Paradigma. Das biomedizinische Paradigma verfolgt die kausale Erklärung von Sachverhalten. Es konzentriert sich auf die Untersuchung von pathophysiologischen Ursache-Wirkungs-Zusammenhängen mit naturwissenschaftlichen Methoden:

„Der Mensch trägt eine Krankheit [...] in sich und wird nach dieser Logik behandelt. Die Krankheit existiert [...] als eindeutige Entität und kann durch die Untersuchung von Symptomen [...] aufgezeigt werden. Der individuelle Patient ist mehr oder weniger die passive Seite der Krankheitsmanifestation." (Franzkowiak 2015)

Hinsichtlich des Verständnisses der Begriffe Gesundheit und Krankheit dominiert ein Gesundheit-Krankheit-Dualismus bzw. „ein verobjektivierter [funktionaler, M.W.] Krankheitsbegriff im Sinne der Abweichung von einer biologischen Norm" (Krondorfer 2015, S. 02-4). Gesundheit bedeutet im Umkehrschluss die Abwesenheit von Krankheit. Die Orientierung am Paradigma der Biomedizin impliziert eine körper-, pathologie- und verrichtungsfokussierte Interaktion mit Patienten (vgl. Wingenfeld et al. 2011, S. 6).

Aus soziologischer Perspektive sekundierte Parsons Strukturfunktionalismus einem sachlichen Gesundheit-Krankheit-Dualismus. Parsons verstand unter Gesundheit eine „funktionale Vorbedingung" für soziale Systeme, Krankheit entsprechend als „dysfunktionale Störung" (Parsons 1968, S. 333). Krankheiten stören auf kollektiver Ebene die Funktionstüchtigkeit einer Gesellschaft; kranke Menschen sollen – so der implizite und von Subjekten zu verinnerlichende Auftrag – möglichst schnell genesen, um ihre sozialen Rollen wieder einnehmen zu können.

Zu 2: Strategie der *Bewältigung* und *Pflicht* zur Gesundheit. Im Kontext einer kapitalismuskritischen Erwachsenenpägogik kritisieren einige Autoren unter Rückgriff auf Foucaults Gouvernementalitätsbegriff eine vermeintliche *Pflicht* zur Gesundheit (vgl. Foucault 2017). Foucault meint mit dem Terminus Gouvernementalität alle Strukturen und Prozesse einer „Disziplinar- und Normalisierungsgesellschaft" zur impliziten und expliziten Machtausübung (Schroeter 2005b, S. 390). Ziel sei ein gesunder Mensch, welcher dem Konsum- und Arbeitsmarkt zur Verfügung steht. Dabei wird an ihn appelliert, dass er für seine Gesundheit Verantwortung zu übernehmen habe:

> „Zum Einsatz kommt die Anrufung der Selbst-Organisierung der Subjekte und ‚Gesundheit' ist dabei zum elementaren Element dieser Regierungskunst avanciert. [...] Gesundsein ist zur Norm geworden. Strukturell bedingte krankmachende Faktoren werden den Einzelnen zugeschrieben, die sich via Gesundheitssorge reparieren sollen." (Krondorfer 2015, S. 02-3 und 02-5 [sic])

Somit steigt der Druck auf chronisch Kranke, ihre krankheitsassoziierten Probleme möglichst effizient zu lösen. Hierfür notwendige Bewältigungsstrategien stammen vorwiegend aus der Psychologie und rekurrieren auf Lazarus transaktionale Stresstheorie. Lazarus vertrat einen subjektivistisch-interaktionistischen Ansatz; seine Leitthese lautet, dass Belastungsart und -ausmaß von der jeweiligen subjektiven Problemwahrnehmung und -deutung abhängen (vgl. Schaeffer 2009, S. 32). Zwar konzentrieren sich Bewältigungskonzepte auf die subjektive Situation eines chronisch kranken Menschen und dehnen den verengten Blick auf Körper und Krankheit durch Inklusion psychologischer und soziologischer Lebenswelt-Aspekte auf, doch kritisiert der Erwachsenenpädagoge Nittel, dass solche Selbstmanagementstrategien zu kurz springen bzw. entsprechende Maßnahmen vorwiegend auf kognitive Interventionen im Sinne einer Verhaltenstherapie zur Verhaltensanpassung begrenzt blieben (vgl. Nittel 2013b). Darüber hinaus würden Krisen mithilfe einer binären Logik, „bewältigt" versus „nicht bewältigt", klassifiziert. Nittel empfiehlt daher, den rationalistisch gefärbten Bewältigungskonzepten ein differenziertes biografisch geprägtes Lernkonzept gegenüberzustellen, welches den „für die menschliche Existenzform konstitutive[n] Bereich des ‚Dazwischen' bzw. die Zone der ambivalenten Erfahrungen in den Blick" nimmt (vgl. ebd.)[22]. Ein solche Grundannahme für

---

[22] Vor diesem Hintergrund empfiehlt Hildenbrand den seiner Meinung nach irreführenden Begriff der Bewältigung zugunsten des Transformationsbegriffs aufzugeben. Im Rahmen chronischer Krankheit

Identitätsarbeit sieht zudem die realistische Option vor, dass Krisen manchmal nicht bewältigt werden können.

Zu 3: Instruktionistische Vermittlungskultur. Mit dem biomedizinischen Paradigma und einer *gesollten* Bewältigung korrespondiert eine instruktionistische, erzeugungsdidaktisch orientierte Vermittlungskultur. Patienten erhalten standardisiertes Wissen mit der Aufforderung zur Rezeption. Wartezimmer onkologischer Stationen und Praxen sind vollgestopft mit Flyern und Broschüren[23]. Mit dem aufbereiteten Wissen erhoffen sich Gesundheitsarbeiter aus Medizin und Pflege auch nachhaltige Verhaltensveränderungen zur Gesundheitswiederherstellung. Auch Pflege konzipiert Flyer und führt wissensbasierte Gespräche am Patientenbett, in Patienteninformationszentren oder im häuslichen Umfeld, z.B. zum Thema Chronologie der Therapie oder Symptomkontrolle (vgl. Segmüller 2015, S. 49 ff.). Insgeheim ist mit solchen Strategien des Informierens und Schulens die Hoffnung verbunden, dass der Patient sich störungsfrei an die Algorithmen der medizinischen Fachgesellschaften anpasst und keinen Mehraufwand

---

könne es keine finale Bewältigung geben. Transformation heißt, „dass Akteure mit Ereignissen konfrontiert sind, die eine Herausforderung darstellen und die ihnen zur Gestaltung aufgegeben sind. Ziel dieser Gestaltung ist es, neue Routinen auszubilden" (Hildenbrand 2009, S. 137).

[23] Vor allem des Krebsinformationsdienstes des Deutschen Krebsforschungszentrums (https://www.krebsinformationsdienst.de).

produziert. Zwar ist Compliance keine offizielle pflegerische Zielgröße, aber unter steigender Personalnot sowie
weiteren oben erläuterten Minus-Bedingungen der Patientenversorgung eine weiterhin wirkmächtige, implizite
Grundannahme pflegerischen Handelns[24]. Pflegerisches
Informieren, Schulen und Beraten basiert in Summe überwiegend auf kognitiven Strategien, also auf „Handlungen,
die sich unmittelbar auf den Lerngegenstand richten" (ebd.)
und implizit auf einer behavioristischen und kognitivisti-
schen Lerntheorie. Hier handelt es sich um Lernstrategien,
die stark mit einem instruktionistisch-erzeugungsdidakti-
schen Paradigma harmonieren bzw. die Relevanz von In-
put betonen und dessen Wirkung überbewerten (vgl. Höffer-Mehlmer 2014, S. 22). Ob solche Lernstrategien die ge-
wünschte und in Punkt 2 erläuterte Selbsttätigkeit von

---

[24] Aktuelle Begriffe, die weniger eine signifikante Machtasymmetrie
zwischen Patient und Arzt voraussetzen (wie der Compliance-Be-
griff), sondern eher einen patientenzentrierten Interaktionsrahmen
definieren, wie z.B. der Begriff der Adhärenz, implizieren weitrei-
chende Kenntnisse über Biografie und Lebenswelt von Patienten,
die i.d.R. unzureichend vorhanden sind. Adhärenz bedeutet, dass
ein Patient nicht nur passiv Therapien einhält (im Sinne einer Be-
handlungstreue oder Compliance), sondern aktiv an der Definition
von Therapiezielen mitarbeitet (vgl. Schulz/ Behrens/ Löhr 2018). Je
gleichberechtigter und aktiver die Patientenrolle im Therapieprozess
ist, desto höher wird die Bereitschaft des kranken Menschen angenommen, sich am Erreichen des Therapieziels aktiv zu engagieren.

Patienten befördern, darf – ohne dem folgenden Abschnitt vorgreifen zu wollen – bezweifelt werden.

Zu 4: Enge Definition von Alltagskompetenz. Schroeter hat die Befürchtung, dass die Hoheit über Wissen und dessen wohldosierte Applikation an Patienten das Machtdispositiv des medizinischen Systems stärken. Ziel sei es, Patienten zu standardisieren, zu kontrollieren und zu qualifizieren. Er sieht Pflege als Handlanger zur Erfüllung eines Sozialisationsauftrags „Hilfe und Kontrolle" (Schroeter 2005b, S. 392 f.). Die Einschränkungen auf Körper, Defizite und Wissen verengen jedoch den Blick auf hilfsbedürftige Menschen. Alltagskompetenz bedeutet in diesem Verständnis nicht mehr, als zu *funktionieren*. Zur Bearbeitung von Lernanlässen im Rahmen des leidgeprüften und schöpferischen Lernens reicht eine derart funktional verengte Interpretation von Alltag nicht aus.

5.1 Normative Ableitungen zur Unterstützung eines Identität stützenden Alltags

Aus der vorangehenden Analyse der Funktionsweise pflegerischen Informierens, Schulens und Beratens muss als Ergebnis festgehalten werden, dass das institutionalisierte Lern- bzw. Unterstützungsangebot und die impliziten sowie expliziten Patientenbedürfnisse und die mit diesen korrespondierenden Lernanlässe nicht bzw. nur zum Teil kongruent sind. Für wesentliche, den chronisch kranken

Menschen in seiner Gesamtheit, in seiner Identität berüh-
renden Lernanlässe steht bisweilen keine professionelle
pflegerische Unterstützung bereit. Daher sollen nachfolgend ex negativo thesenhaft Strategien für eine *neue* Patient-Pflege-Interaktion formuliert werden, die eine lebens-
weltfreundliche Lernatmosphäre verfolgt und damit einher-
gehend einen Identität stützenden Alltag für chronisch
kranke Menschen begünstigt.

5.1.1 Resonanzlogik statt medizinischer Optimie-
rungslogik

Die Orientierung am biomedizinischen Paradigma zeitigte
unbestreitbar große Erfolge. Auch wenn dieses Paradigma
in den vergangenen Jahren um soziologische bzw. psychologische Theorien ergänzt wurde, ist die Person des Medi-
ziners nach wie vor der alles entscheidende Dreh- und Angelpunkt im System Gesundheitswesen. Der gesellschaftliche Auftrag an den Mediziner zur *Hilfe und Kontrolle* bezieht sich nicht nur auf den Genesungsfortschritt des Patienten, sondern unterliegt vor allem in finanzieller Hinsicht
einer starken Optimierungslogik, in deren Sog andere Berufsgruppen, die auch und verstärkt unter den Vorzeichen
einer Resonanzlogik arbeiten (wollen), geraten. Eine solche Resonanzlogik korrespondiert u.a. mit einem unbe-
stimmten, graduellen Gesundheitsbegriff, wie er z.B. in Antonovskys Salutogenese-Modell zur Erklärung von

Gesundheit eingeführt wird (siehe hierzu S. 45 ff.). Im Sinne der Patienten sollte es nicht-medizinischen Berufsgruppen, darunter auch die professionelle Pflege, erlaubt sein, sich zumindest in Teilbereichen von der medizinischen Optimierungslogik zu entkoppeln, in diesem selbstbestimmten Rahmen genuine Angebote machen und eigene, tätigkeitsbezogene Refinanzierungsquellen in Anspruch nehmen zu dürfen (Stichwort: Vorbehaltene Tätigkeiten).

5.1.2 Selbstermächtigung statt *gesollte* Bewältigung

Der Resonanzlogik immanent ist die Tatsache, dass eine Krise nicht zwingend bewältigt werden kann bzw. der Erfolg einer Therapie kontingent ist. Auch diese Ergebnisoffenheit bzw. Unverfügbarkeit steht im Gegensatz zur Erfolgs- und Optimierungslogik des biomedizinischen Paradigmas. Dennoch ist, wie in Kapitel 4 dargelegt wurde, das medizinische System nun ein relevanter Teil der Lebenslage und -wirklichkeit eines chronischen Kranken. Es sichert das Weiterleben und gibt Erwartungssicherheit. Seine Institutionen setzen nicht nur Grenzen, sondern eröffnen überdies Ressourcen und Möglichkeitsräume (vgl. Bury 2009, S. 87 f.):

„Außerdem sollte die Medizin aus zwei Blickwinkeln gesehen [...] werden: Eine Sichtweise, die einerseits [...] Respekt vor der Authentizität der Überzeugung (ob seitens der Ärzte oder der Patienten) hat und andererseits die Möglichkeit bietet, die Rechtfertigung der Überzeugung kritisch zu bewerten und die Überzeugungen im Rahmen der Machtverteilung einzubringen." (ebd.)

Darüber hinaus bieten die Institutionen des medizinischen Systems einen geschützten Rahmen zum Einüben neuer Interaktionserfahrungen und Lebenspraktiken (v.a. im Rahmen der Versorgung psychisch kranker Menschen). Der chronisch kranke Mensch ist qua Diagnose und zugewiesener Patientenrolle ambivalent auf dieses System bezogen, ein Subjekt:

„[...] dass unablässig in gesellschaftliche Institutionen und durch Anrufungen über institutionelle Rituale und Praktiken zugleich unterworfen und produziert [wird]." (Färber 2019, S. 77)

Insofern macht ein überzogen kritisch artikulierter Dualismus aus Medizin als äußerer, alles determinierende *Macht* und einem vermeintlich nach Freiheit und Autonomie strebenden Subjekt keinen Sinn; eine solche Argumentation schadet den betroffenen Menschen. Ziel sollte eher die konstruktive Einbettung des Subjekts in das System Medizin im Speziellen und in seine Lebenswelt im Allgemeinen sein. Färber schlägt hierzu vor:

„Das Ziel pädagogischer Interventionen wäre nun nicht mehr, die Autonomie und Selbstführungsfähigkeiten der Subjekte herzustellen, sondern bestünde in der Bereitstellung kollektiver Strukturen [...], so dass diese ihre Handlungsmacht steigern [...] können. [...] Ein Ziel könnte deshalb darin liegen, Räume und institutionelle Arrangements zu schaffen, die ein Anders oder ein anerkanntes Sein überhaupt erst ermöglichen." (a.a.O., S. 87)

Pflegerische Patientenedukation muss Patienten unterstützen, sich nicht nur als passive, einem System unterworfene Subjekte zu empfinden, sondern Fremd- und Selbstbestimmung in eine für den Patienten passende Balance zu bringen. Das tut sie, indem sie Selbstverhältnisse, Plausibilitätsstrukturen (eigene sowie die des Patienten) sowie Machteffekte des Gesundheitssystems transparent thematisiert. In dieser Lesart identifiziert Pflege Aspekte, die Patienten belasten und einen Identität stützenden Alltag behindern. Darauf folgt die gemeinsame Suche nach individuellen Handlungsmöglichkeiten innerhalb bestehender Handlungseinschränkungen (vgl. a.a.O., S. 85)[25].

---

[25] Beispiel: Ein ergebnisoffener Dialog über die Fortsetzung einer Chemotherapie ohne dem Patienten eine Entscheidung zu suggerieren, aber als Pflegende den Mut zu haben, als Geburtshelfer einer Entscheidung zu bürgen. Nicht wenige Patienten, die sich in einem weit fortgeschrittenen Krankheitsverlauf befinden, halten Therapie-

Da chronisch kranke Menschen, vor allem solche, die an einer infausten Krebserkrankung leiden, nicht mehr gesund im Sinne einer hundertprozentigen Leistungsfähigkeit werden, bedarf keiner weiteren Erklärung. Lern- und Versorgungsziel sollte daher nicht die Erziehung zur Selbstorganisation bzw. oktroyierte Edukation zur gesunden Lebensführung sein, sondern Dispositionen zur Stärkung von Alltagskompetenz (siehe hierzu Punkt 4) und Selbstermächtigung. Unter Selbstermächtigung versteht Färber, „den immerwährenden Prozess der Herstellung von Handlungsfähigkeit [...]" (a.a.O., S. 77). Handlungsfähigkeit ist das Gegenteil von kriseninduzierter Ohnmacht; es ist z.B. die Fähigkeit des Patienten, zu akzeptieren, dass er den Krankheitsverlauf nur bedingt und ab einem gewissen Zeitpunkt nicht mehr kontrollieren kann.

5.1.3 Anerkennende Beratungspraktiken statt oktroyiertes Wissen

(Experten-)Wissen ist eine notwendige, aber keine hinreichende Bedingung zur Selbstermächtigung im Sinne eines gelingenden Identität stützenden Alltags. Pflegerische

---

termine sklavisch ein, obwohl sich ihr Allgemeinzustand verschlechtert und sie ihre Wohnung nicht mehr gehend verlassen können. Am Kipppunkt, an dem überwiegende Wirkungen einer Therapie in überwiegende Schädigungen umschlagen, gibt es bedauerlicherweise noch zu wenige Onkologen/ Hämatologen, die frühzeitig eine Reißleine ziehen und Patienten auf palliative Alternativangebote vorbereiten (vgl. Thöns 2016, Kap. 2 u. 12).

Praktiken des Informierens und Schulens werden weiterhin einen bedeutenden Stellenwert im Rahmen der Betreuung chronisch Kranker behalten, vor allem in den frühen Krankheitsphasen bzw. im Prozess des verwalteten und zielgerichteten Lernens; Pflegende sind ideale *Übersetzer* des medizinischen Codes und *Reiseführer* im Dschungel des Gesundheitswesens. Doch wenn gerade in fortgeschrittenen Stadien einer Erkrankung lebenspraktisches Wissen an Bedeutung gewinnt bzw. ein chronisch kranker Mensch sich Neues aneignen muss, u.a. den Umgang mit schwindender Kraft oder die Reflexion der Perspektiven vor dem Hintergrund begrenzter Lebenszeit, dann kommen Pflegende mit instruktionistischen Methoden des Informierens und Schulens an ihre Grenzen (vgl. Göppel 2008, S. 70). Will Pflege chronisch kranken Menschen darüber hinaus zur Seite stehen – es geht um nichts Geringeres als um die Transformation und Stabilisierung menschlicher Identität – muss sie stärker als bisher eine pädagogische Haltung verinnerlichen:

„Kein anderes gesellschaftliches Funktionssystem außer dem pädagogisch organisierten System des lebenslangen Lernens hat das als Ziel formuliert, einen intentional gesteuerten Beitrag zur Herstellung, Veränderung und Sicherung menschlicher Identitätsformationen zu leisten." (Wahl et al. 2017, S. 124)

Auch wenn der Autor Wahls Einschätzung nicht uneingeschränkt teilt – keine (wissenschaftliche) Disziplin kann ein Monopol auf Identitätsarbeit reklamieren – so liegt es auf der Hand, dass Pflegende durch ihren hochfrequenten Patientenkontakt, ihren Auftrag und Qualifikationen für eine (erwachsenen-)pädagogisch imprägnierte Identitätsarbeit prädestiniert sind. Die Berufsgruppe hat sich selbst solide Grundlagen zur Weiterentwicklung des Konzepts *Pflegerische Patientenedukation* gelegt.

Wie bereits erläutert, sind Begegnung und Anerkennung Prozessoren neuer Überzeugungen und können Revisionen eines Ich-Überzeugungsnetzwerkes zur Wirklichkeitsabsicherung initiieren. Begegnung und Anerkennung vollziehen sich als interaktive, performative Akte im Rahmen sozialer Praktiken. In diesem Zusammenhang soll weiterführend von (pflegerischen) Beratungspraktiken oder -tätigkeiten gesprochen werden.

„Praktiken sind Handlungsweisen, die eingesetzt werden, um Situationen zu lösen. Das zentrale produktive Moment des Praktikenbegriffs liegt darin, dass diese Handlungsweisen zwar individuell gebraucht werden, zugleich aber rückgebunden sind an einen sozialen Raum [...]. Handeln ist aus einer solchen Perspektive nie einfach individuelles Handeln, sondern immer ein Handeln im Rahmen gesell-

schaftlicher Möglichkeiten und Gegebenheiten."
(Kossack 2016, S. 48)

Eine initiale Informationssammlung (Assessment) ist un-
umgänglich. Als weiteres (grobes) Strukturelement der Beratung erfolgt eine systematische Analyse dieser Informationen; diese werden anschließend zueinander in Verbindung gebracht und zu einem individuellen Lebenskonzept
verdichtet. Von diesem Ist-Zustand, können nun Soll-Sze-
narien antizipiert bzw. neue Bedeutungen hergestellt werden (vgl. a.a.O., S. 49). Trotz dieses groben *Beratungs-
fahrplans* warnt Kossack vor zu stark vorstrukturierten Ge-
sprächen. Derlei durch Gesprächsleitfäden choreografierte
Dialoge suggerierten in instruktionistischer Manier, dass
deren bloße Einhaltung unweigerlich zum Beratungserfolg
führe (a.a.O., S. 14). Pflegerische Beratung sollte vielmehr
als offener Lernprozess verstanden werden, der *Verstehen*
ermöglicht; darin manifestiert sich das genuin Pädagogische einer pflegerischen Beratung. Eine solche offene, auf
Akzeptanz und Resonanz ausgelegte Beratungspraktik basiert auf den Elementen einer Anerkennungspädagogik.
Ziel einer solchen ist die Klienten-Pädagogen-Interaktion
auf der Grundlage von *guten* Begegnungen auf Augenhöhe (vgl. Müller-Commichau 2020). Gute Begegnungen
manifestieren sich durch eine ausgewogene Pendelbewe-
gung zwischen Selbst- und Fremderwartungen. Der Päda-
goge bzw. die Pflegende findet eine gute Balance

zwischen Intervenieren (i.S. eines Angebotes) und Zulassen. Ein chronisch kranker Mensch wird zum Dialogpartner, nicht zum Objekt von Pflege. Das aufmerksame Wahrnehmen der anderen Person (Da-Sein) sowie ihre vorurteilsfreie Annahme (So-Sein) gelingt vor allem durch empathische und dialogische Kompetenz. Emotionale Kompetenz bezieht sich u.a. auf den Willen und die Fähigkeit zur Selbstreflexion. Auch die Versprachlichung der eigenen Gefühle, Motive und der Interaktionsdynamiken („Raum des Dazwischen als Experimentraum") sind bedeutsame Handlungen guter Begegnungen zwischen Pflegender und zu Pflegender (vgl. ebd.). Dabei betont Müller-Commichau die Unverfügbarkeit guter Begegnungen in dem Sinne, dass diese nicht beliebig herbeiführbar sind bzw. die Güte der Begegnung offen bleiben muss.

Weitere Elemente einer Pädagogik der Anerkennung sind *Dekonstruktion* sowie *Ästhetische Signatur*. Unter Dekonstruktion versteht Müller-Commichau zusammengefasst, in Rückgriff auf die poststrukturalistische Philosophie, die reflexiv-kritische Beurteilung von vermeintlich selbstevidenten bzw. nicht legitimierungsbedürftigen Strukturen und ihrer systemstabilisierenden, unhinterfragten Begriffssysteme. In pädagogischer Interpretation assoziiert er mit dekonstruktivem Handeln wiederum ein Pendeln zwischen einer Annahme von Lernangeboten und dem Recht auf Verweigerung derselben sowie ein Pendeln zwischen autonomer Ich-Bejahung und dem Zulassen von Fremdbestätigungen (in unserem Fall durch beratende Pflegepersonen; vgl. Müller-Commichau 2018, S. 61 ff.).

Für das Feld des schöpferischen Lernens kann v.a. das Element der *Ästhetischen Signatur* eine bedeutende Rolle für beratende Interaktionen spielen. Der Begriff umreißt eine alternative Haltung zur rationalistischen, kognitiv-analytischen Wahrnehmung und zu dualistischen Deutungen von Realität im Sinne eines Gut-böse, Sympathisch-unsympathisch usw. Müller-Commichau sieht hier einen Handlungsauftrag für pädagogisch Tätige, das Interaktionsumfeld anregend zu gestalten, sodass Lust auf Veränderung entstehen kann. Ästhetische Signatur eröffnet eine Welt ohne Leistungsdruck, „die sich der Frage nach der praktischen Verwertbarkeit verschließt" (a.a.O., S. 62) und Rahmenbedingungen für die Gestaltung eines glücklichen Lebens als Antithese zu Krankheit und Perspektivlosigkeit definiert. Ein „starker, beeindruckender Moment der Begegnung" genügt, um Glück zu evozieren (Müller-Commichau 2017).[26]

---

[26] Eine vertiefte Operationalisierung aller Elemente der Anerkennungspädagogik, insbesondere der ästhetischen Signatur, muss aus Platzgründen an anderer Stelle erfolgen.

5.1.4 Lebensweltliche statt enger Definition von All-tagskompetenz

Schütz und Luckmann verstehen unter Lebenswelt einen „Wirklichkeitsbereich, den der wache und normale Erwachsene in der Einstellung des gesunden Menschenverstandes als schlicht vorgegeben vorfindet" (Schütz/ Luckmann 1988, S. 23). Lebenswelt bedeutet in dieser Lesart das selbstverständliche Bewusstsein einer nicht in Frage gestellten Wirklichkeit. Lebenswelt wird intuitiv erlebt und gelebt, als Alltag. Alltagskompetenz beschränkt sich jedoch nicht nur auf die funktionale Erfüllung von Rollenmustern oder Befriedigung von Grundbedürfnissen, namentlich Stufe-1- und -2-Bedürfnisse, die Maslow in seiner Bedürfnishierarchie als existentielle Bedürfnisse bezeichnet (vgl. Becker-Carus/ Wendt 2017, S. 11 f.). Um die Einschränkung auf Körper, Defizite und Wissen zu überwinden, ist es sinnvoll, professionelle Pflege:

> „[...] unter der weitgehend einigenden Klammer einer holistischen Betrachtung des Person-Umwelt-Verhältnisses [...] als ein in verschiedenen Phasen verlaufendes interpersonales Beziehungsgefüge [zu verstehen]." (Schroeter 2006, S. 97 unter Rückgriff auf Peplau 1995, S. 39)

So verstanden gehören Pflegende zu einer beratenden Berufsgruppe, die das Ziel verfolgen, „die Vorwärtsbewegung der Persönlichkeit in Richtung auf ein kreatives, konstruktives, produktives, persönliches und gesellschaftliches Leben" bzw. eine Transformation zu bewirken (ebd.). Ein Identität unterstützender Alltag impliziert in Summe die Fähigkeit zur Selbstermächtigung, zur Kontrolle über die eigene Lebenswelt und schließlich zur selbstwirksam herbeigeführten Lebensgestaltung trotz krankheitsbedingter Einschränkungen (vgl. Meueler 2017, S. 165). Pflege unterstützt kranke Menschen beim Austarieren eines stabilen Selbstverhältnisses[27] und thematisiert im Dialog Chancen von machtvollen Strukturen, aber auch deren Risiken, sofern vermeintliche Normalitätsanforderungen des medizinischen Systems von Patienten als nicht anschlussfähig bzw. übergriffig empfunden werden.

Wie bereits an anderer Stelle erwähnt, gestaltet sich eine solche zukünftige Aufgabe als Herausforderung für eine bisweilen verrichtungsorientierte, an Pflegeprozessstandards anhaftende Pflege, nicht zuletzt vor dem Hintergrund einer ambivalenten Rolle als Lebenswelt-Begleiter einerseits und medizinisch motivierter Kontrollinstanz andererseits[28]. Vor diesem Hintergrund warnt Schroeter vor

---

[27] Im Zusammenhang mit Antonovskys Begriff des Kohärenzgefühls/ -sinns werden wir auf diesen Aspekt zurückkommen.

[28] Die Diskussion darüber, ob es gegenwärtig ein konsentiertes Pflegeverständnis als Grundlage für ein berufliches Selbstverständnis gibt bzw. dieses ggf. erweitert werden müsste, um pädagogisch

übergriffigen Kontrollphantasien bzw. vor dem „Wunsch nach vollständiger Erfassung" von Patienten (Schroeter 2006, S. 117). Pflegerische Beratungstätigkeit wird zum andauernden Drahtseilakt zwischen intersubjektiver Partnerschaftlichkeit und struktureller Autorität; Pflegende sollten eine Haltung der affektiven Unterstützung verinnerlichen und umsetzen ohne die notwendige professionelle Distanz aufzugeben (vgl. Hildenbrand 2009, S. 142). Herausfordernd ist darüber hinaus, dass Pflegende über wenig bis keine pädagogischen Kompetenzen und Erfahrungen verfügen, Pädagogen andererseits nur punktuell Zugang zu Patienten haben, z.B. zu Forschungszwecken. Pädagogische Biografie-Analysen (zur Erstellung eines Lernportfolios) können aufgrund ihrer Tätigkeitskonzentration natürlich sehr viel mehr in die Tiefe gehen bzw. mehr fruchtbare Informationen im Rahmen halbstrukturierter autobiographisch-narrativer Interviews heben (vgl. Nittel/Hellmann 2017, S. 180). Um so schwieriger erscheint es, aus pflegerischer Perspektive einen praktikablen (und finanzierbaren) Beratungsrahmen zu konzipieren, zumal

---

geprägten Aufgaben gerecht zu werden, muss aus Platzgründen an anderer Stelle erfolgen. Bemerkenswert ist jedoch an dieser Stelle, dass sich Pflege einer eindeutigen Definition entzieht, weil das Spektrum an Erscheinungsformen (z.B. Laienpflege, Pflege als Erwerbsarbeit), Makro-Pflegetheorien bzw. theoretischen Denkschulen und praktischen Manifestationen zu groß ist, als dass eine handhabbare theoretische Klammerung gelänge.

Beginn und exekutiver Rahmen pflegerischer Unterstützung individuell und völlig kontingent sind. Unabhängig von den zahlreichen offenen Fragen zur institutionellen Ausgestaltung einer *neuen* pflegerischen Patientenedukation ergeben sich zunächst zahlreiche, von einem integrierten *Miteinanderarbeiten* und *Voneinanderlernen* geprägte Lern- und Entwicklungsanlässe. Das lebensweltlich orientierte Lernen im Tätigkeitsfeld *Pflegerische Patientenedukation* beginnt, wie in Kapitel 1 bereits erwähnt, „mit der Selbstbildung derer, die glauben, steuern zu sollen und dies auch zu können" (Arnold 2014, S. 52). Mit der pädagogisch unterfütterten Belebung pflegerischer Patientenedukation in Richtung einer partnerschaftlichen Beratungspraxis korrespondiert die Bereitschaft zur Veränderung eigener Wahrnehmungs-, Denk- und Handlungsmuster.

5.2 Theoretische Bezüge pflegerischer Patientenedukation – Unterbestimmung pädagogischer Interventionsimplikationen

Professionelle Pflege erhebt den Anspruch, ihr Handeln theoretisch zu fundieren; professionelle Pflege ist eine theoriengeleitete Pflege[29]. Vor diesem Hintergrund

---

[29] Eine <u>Theorie</u> ist ein unter wissenschaftlichen Normen hergestelltes, konsistentes und widerspruchsfreies Aussagensystem. Ein <u>Modell</u> kann die Aussagen einer Theorie analytisch rekonstruieren; es behauptet und konstruiert Ursache-Wirkungszusammenhänge zwischen Phänomenen (Wenner 2004, S. 190). Unter <u>Konzept</u> wird eine

entwickelten sich in den letzten Jahrzehnten pflegewissen-schaftliche Lehrstühle an Universitäten und Hochschulen (vgl. Panfil 2011, S. 28). Intuitives Alltagswissen wird mit wissenschaftlichem Wissen konfrontiert, Hypothesen wer-den formuliert, auf Evidenz geprüft und in Form von Model-len und Theorien zur Diskussion gestellt. Schroeter legt Wert auf die Feststellung, dass nicht alle Theorien oder Modelle praktisch umsetzbar seien. Vielmehr gehe es da-rum, komplexe Sachverhalte zu verstehen und über ver-schiedene Deutungsmuster zu verfügen, „die eine Interpre-tation der Pflegepraxis erleichtern" (Schroeter 2006, S. 111). Insofern kann es – und hierauf bezieht sich der ein-gangs formulierte Plural „theoriengeleitet" – nicht nur die eine Theorie geben, auf die sich professionelle Pflegetätig-keit im Allgemeinen und der spezielle Tätigkeitsbereich der pflegerischen Patientenedukation im Besonderen bezieht, sondern viele, sehr unterschiedliche; jede mit unterschied-licher Anwendungsmöglichkeit und Aussagekraft (vgl. Schaeffer 2009, S. 39). Zegelin, eine bedeutende Wegbe-reiterin der pflegerischen Patientenedukation in Deutsch-land, nennt neun Theorien und Konzepte als theoretische Bezugspunkte für pflegerische Patientenedukation in Deutschland, jedoch ohne Rechtfertigung ihrer

---

Art *Vor-Theorie* oder *Theorien-Idee* verstanden; dem Konzept liegen erste Begriffe und Kategorien zugrunde, es handelt sich jedoch nicht um ein konsistentes, widerspruchsfreies Aussagensystem.

Einschränkung (vgl. Zegelin 2015, S. 27 ff.)[30]. Zum Teil unterscheiden sich die Ansätze stark, was u.a. an der unterschiedlichen wissenschaftsdisziplinarischen Herkunft liegt (Soziologie, Sozialpsychologie, Verhaltenspsychologie, Epidemiologie/ Public Health, Pflegewissenschaften).

Aus dem formalen Grund der Umfangbeschränkung können die zum Teil sehr komplexen theoretischen Ansätze in dieser Exploration nicht umfassend bzw. nur tabellarisch rekonstruiert werden, daher wird der Fokus zum einen auf zwei in der professionellen Pflege breit rezipierte Theorien gelegt und diese unter Berücksichtigung von relevanten Rekonstruktionskriterien analysiert; hier liegt das Augenmerk vor allem auf der Leistungsfähigkeit hinsichtlich einer erwachsenenbildnerischen Modellierung und Erklärung pflegeinduzierter Ermöglichungsräume für Lern- und Transformationsprozesse.

---

[30] Der strukturfunktionalistische Ansatz zur Erklärung von Gesundheit und Krankheit von Parsons, das salutogenetische Gesundheitsmodell von Antonovsky sowie der transaktionale Stressansatz von Lazarus fanden bereits an anderer Stelle Erwähnung und Kritik. Gesundheitswissenschaftler greifen auf eine mittlerweile unüberschaubare Menge an Theorien zur Erklärung von Gesundheit und Krankheit zurück. Franke unterscheidet z.B. Stressmodelle, genuine Krankheits- und Gesundheitsmodelle, geschlechtsspezifische Modelle, sozialepidemiologische Modelle, subjektivistische Theorien, Theorien zu Gesundheits-/ Krankheitsverhalten usw. (vgl. Franke 2012).

Der amerikanisch-israelische Soziologe Aaron Antonovsky legte Anfang der 70er-Jahre seine Theorie von Gesundheit und Krankheit vor. Im Sinne einer Salutogenese werden die absoluten Zustände *völlige Gesundheit* und *völlige Krankheit* niemals erreicht. Der Mensch befindet sich im gefühlten Zustand des Wohlbefindens oder Missempfindens immer zwischen den Polen Gesundheit und Krankheit; er bewegt sich in einem Gesundheit-Krankheit-Kontinuum (vgl. Antonovsky 1997 sowie Franke 2012).

Das Trajectory-Work-Model (kurz TWM oder auch Corbin-Strauss-Modell) wurde von der Pflegewissenschaftlerin Juliet Corbin und dem Soziologen Anselm Strauss entwickelt. Es ist die theoretische Verdichtung von Forschungsergebnissen, die über Jahrzehnte unter den methodischen Vorzeichen der sogenannten Grounded Theory erhoben wurden (Corbin/ Strauss/ Hildenbrand 2010; Corbin/ Hildenbrand/ Schaeffer 2009).

Die beiden theoretischen Bezugskonzepte werden nachfolgend anhand von fünf Rekonstruktionskriterien miteinander verglichen.

Salutogenese-Modell	TWM
• Was hält Menschen gesund? • Was sind allgemeine Bedingungsfaktoren von Gesundheit?	• Wie wirkt sich chronische Krankheit auf Betroffene aus und wie bewältigen sie diese? • Wie gelingt eine integrierte Bewältigungsstrategie vor dem Hintergrund wechselhafter Krankheitsverläufe?

Forschungsfrage

Salutogenese-Modell	TWM

• Es gibt keinen Dualismus zwischen Gesundheit und Krankheit.
• Saluto- statt pathogenetische Perspektive.
• Gesundheit und Krankheit sind Phänomene auf einem Gesundheit-Krankheit-Kontinuum (nachf. GKK); Menschen sind gleichzeitig gesund <u>und</u> krank.
• Die Position eines Menschen auf diesem Kontinuum hängt von seinen Widerstandsressourcen (physische/ biochemische, kognitive, emotionale) und -defiziten (Stressoren, z.B. chron. Krankheit, Lebenskrisen etc.) ab.
• Der Kohärenzsinn (Sense of Coherence, nachf. SOC) ist ein kognitiver Bestimmungsfaktor für die individuell eingeschätzte Position auf dem GKK.
• SOC konstituiert sich aus drei Bestimmungsfaktoren:
  – **Sinnhaftigkeit**: Motiviert sein, widrige Anforderungen des Lebens anzunehmen, zu verändern. Durch Reflexion und Anpassung eigener Deutungsmuster entstehen neue Sinnzusammenhänge.
  – **Verstehbarkeit**: Realität und Wirklichkeit wird als strukturiert und konsistent erlebt und kann eingeordnet werden.
  – **Handhabbarkeit**: Ausmaß, in dem Menschen annehmen, über die geeigneten Ressourcen zu verfügen, um den Anforderungen begegnen zu können.
	• Wie wirkt sich chronische Krankheit auf Betroffene aus und wie bewältigen sie diese?
	• Wie gelingt eine integrierte Bewältigungsstrategie vor dem Hintergrund wechselhafter Krankheitsverläufe?

Forschungsfrage

Salutogenese-Modell	TWM
• Nur sehr implizite Bedeutung biografischer Faktoren. • Der SOC und seine drei Teilkomponenten basieren auf Lebenserfahrungen und Deutungsmustern, die in Summe ein gewisses Grundvertrauen/ -misstrauen in das Leben verleihen. • Drei wichtige Klassen von Lebenserfahrungen: Konsistenz-, Partizipations-/ Selbstwirksamkeits-, Belastungserfahrung. • Diese Lebenserfahrungen haben Einfluss auf die Deutung und Bewertung von Lebenskrisen und Stressoren.	• Explizite Bedeutung biografischer Faktoren. • Interesse an kranken Menschen und dessen Leben/ Lebenswelt. • Chron. Krankheit wird als soziales Phänomen mit subjektivem Impact verstanden, nicht als objektive Dysfunktionalität. • Krankheits-/ Alltags- und Biografiearbeit stehen dynamisch in reziprokem Verhältnis zueinander.

Biografieperspektive

Salutogenese-Modell	TWM
• Modell betont die sozialen politischen und ökonomischen Voraussetzungen für Gesundheit, fokussiert Bewältigung v. Stressoren. • Generalisierte Widerstandsressourcen, aber auch -defizite, finden sich im Individuum (z.B. Mangel an Problemlösefähigkeit) und seiner Umwelt (kein Zugang zu med./pfleg. Leistungserbringern) und beeinflussen SOC.	• Reziprozität zwischen Subjekt- und Strukturebene. • Es gibt keine stabilen Strukturen, diese werden prozesshaft durch Handlungen determiniert und vice versa. Mensch im Zentrum einer Mehrebenen-Matrix. • Conditional Matrix = Modell bzw. Heuristik zur Verbindung konzentrischer Kreise, beginnend mit dem Subjekt und seinem Handeln, eingebettet in immer weiter reichende Kreise (individueller Conditional Path). • Dynam. Auf-/ Abwärtsbewegungen des Pfads „ergeben sich im Zusammenspiel von ext. Rahmenbedingungen und aktiver Gestaltung d. Rahmenbedingungen durch die Akteure" (Hildenbrand 2009, S. 149).

(Zeilenkopf: **Rolle von Patient und Pflege**)

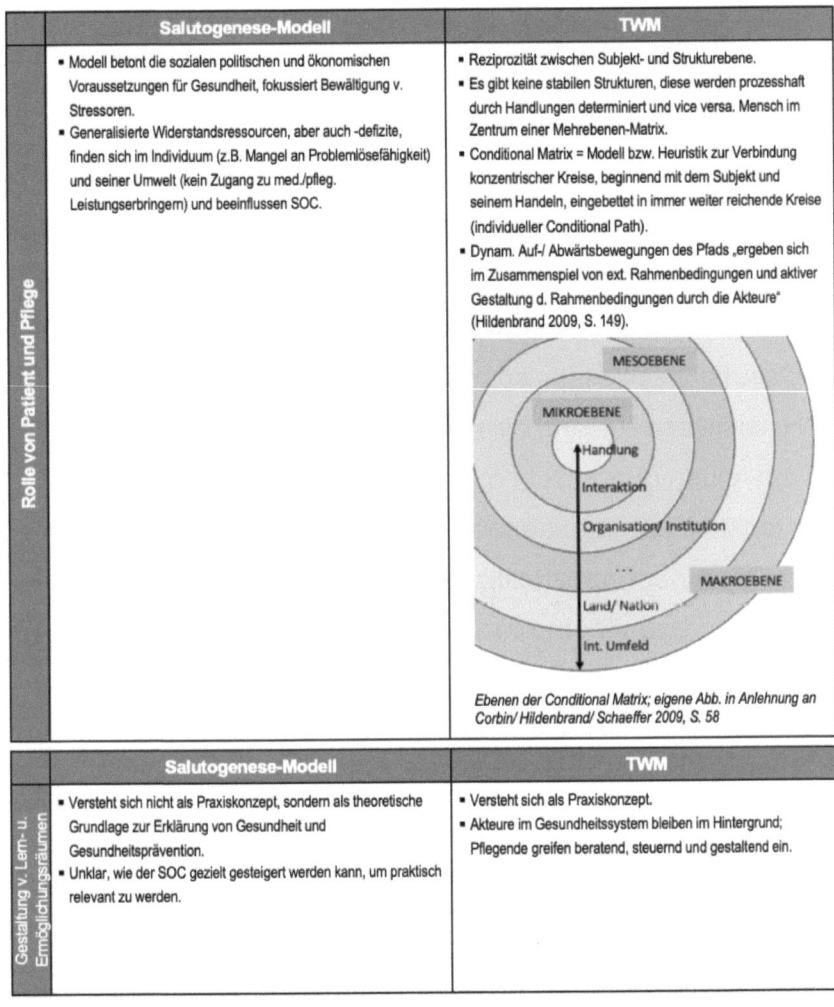

Ebenen der Conditional Matrix; eigene Abb. in Anlehnung an Corbin/ Hildenbrand/ Schaeffer 2009, S. 58

Salutogenese-Modell	TWM
• Versteht sich nicht als Praxiskonzept, sondern als theoretische Grundlage zur Erklärung von Gesundheit und Gesundheitsprävention. • Unklar, wie der SOC gezielt gesteigert werden kann, um praktisch relevant zu werden.	• Versteht sich als Praxiskonzept. • Akteure im Gesundheitssystem bleiben im Hintergrund; Pflegende greifen beratend, steuernd und gestaltend ein.

(Zeilenkopf: **Gestaltung v. Lern- u. Ermöglichungsräumen**)

Tabelle 2: Zwei Bezugstheorien pflegerischer Patientenedukation im Vergleich

Im Vergleich der beiden Theorien wird offensichtlich, dass diese unterschiedliche Forschungsfragen verfolgen bzw. Hypothesen zu nicht vergleichbaren Sachverhalten formulieren. Antonovskys Ziel ist nicht ein Bündel aus praktischen (Pflege-)Interventionen, das sich aus seiner Gesundheitstheorie ableiten ließe. Ihm geht es vornehmlich um eine Erklärung von Gesundheit und epidemiologischen Implikationen hinsichtlich der Betrachtung von Gesundheit beeinflussenden sozialen Determinanten. Dennoch ist das Salutogenese-Modell nicht nur für alle Berufsgruppen im Gesundheitswesen, sondern auch in medizinhistorischer Hinsicht bedeutsam, da es den Fokus verschoben hat, weg von einer dualistischen, biomedizinischen Fixierung auf Krankheit als pathogenen Teilausschnitt eines Organismus hin zu einem ganzheitlichen Bild von Patienten als Subjekte und zu einem graduellen Verständnis der Zustände Gesundheit und Krankheit. Biografische Aspekte, deren Relevanz wir insbesondere für das zielgerichtete, leidgeprüfte und schöpferische Lernen herausgearbeitet haben, finden bestenfalls implizit Raum im Modell der Salutogenese, nämlich in den Lebenserfahrungen als modellierte Grundlage für den *Sense of coherence*.

Wie bereits Antonovsky im bahnbrechenden Modell der Salutogenese, so vollziehen auch Corbin und Strauss mit ihrem Trajektmodell einen Perspektivwechsel bzw. den Bruch mit den negativen Annahmen einer biomedizinsch-strukturfunktionalistischen Interpretation von Gesundheit und Krankheit. Corbins und Strauss' Absicht war es jedoch, das Bewältigungshandeln von chronisch kranken

Menschen zu erklären und aus dieser Erklärung Grundsätze für eine (pflegerische) Betreuung abzuleiten. Ziel ist weniger die Bewältigung im Sinne einer absoluten Überwindung chronischer Krankheit, sondern die Steigerung von subjektiv empfundener Lebensqualität. In diesem Zusammenhang diskutieren sie die strukturelle Eingebundenheit von Patienten bzw. berücksichtigen die Reziprozität zwischen Subjekt- und Strukturebene. Damit tragen sie einem wesentlichen Bedingungsfaktor der Identitätsstabilisierung Rechnung. Zur Unterstützung einer Bewältigung chronischer Krankheit wird als Annahme die Relevanz biografischer Arbeit antizipiert. Die Zusammenarbeit zwischen Patient und Pflege ist durch permanente Abstimmungs- und Aushandlungsprozesse charakterisiert, grossomodo sollen Pflegende sich jedoch zurückhalten bzw. im Stand-by-modus verweilen (vgl. Corbin/Hildenbrand/Schaeffer 2009, S. 68 f.). Die Theorie sieht daher keine weiteren Annahmen zur Ausgestaltung von Beratungspraxis als Identitätsarbeit vor.

Kapitel 4 hat gezeigt, dass sich aus dem Verlauf einer chronischen Krankheit zahlreiche Lernanlässe ergeben. Es konnte gezeigt werden, dass chronisch kranke Menschen im anhaltenden Krankheitsverlauf neue Routinen entwickeln, ihr Leben regelrecht transformieren müssen. Dieser Prozess fordert Betroffenen sowie professionell Unterstützenden viel ab. Einerseits soll der Subjektperspektive des

Patienten Beachtung geschenkt werden; andererseits steht Pflege als verlässliches, aber auch kontrollierendes Strukturelement eines ausdifferenziertes Medizinsystems als Teil der Lebenslage eines Patienten zur Verfügung. Im Laufe der Argumentation wurde deutlich, dass pflegerische Patientenedukation weitaus stärker als bisher als lebensweltorientierte, pädagogische Beratungstätigkeit interpretiert und entsprechend theoretisch fundiert werden muss (vgl. Zegelin 2015, S. 27). Trotz der hohen Anzahl an vermeintlichen Bezugstheorien der pflegerischen Patientenedukation wird bei Betrachtung der Konzepte im Allgemeinen und nach Analyse der beiden o.g. Theorien im Besonderen evident, dass keine der genannten Theorien Lern- und Ermöglichungsräume für Transformationsprozesse thematisieren respektive lerntheoretische Annahmen zu deren Ausgestaltung formulieren. Es fehlt weiterhin eine (erwachsenen-)pädagogisch imprägnierte Heuristik der pflegerischen Patientenedukation, die Lernen als aktiven, prozessualen und sozialen Prozess versteht und eine theoretische Basis für eine ambivalente Interaktionssituation bildet – chronisch kranken Menschen einerseits hilft, Probleme eigenständig als Lernanlässe zu identifizieren und zu lösen, andererseits standardisierte Struktur und Führung zuzulassen, wenn es sinnvoll erscheint. Aus diesem Grund wird anschließend untersucht, ob Engeströms Theorie des expansiven Lernens als potentielle pädagogisch geprägte

Heuristik für eine pflegerische Beratungspraxis taugt bzw. eine probate Alternative zu den etablierten, aber aus o.g. Gründen als insuffizient gekennzeichneten Bezugssystemen zur Lösung der eingangs erläuterten Probleme darstellt.

6 Pflegerische Beratungspraxis als Tätigkeitssystem

Im ersten Teil dieses Kapitels soll Engeströms Theorie des expansiven Lernens rekonstruiert werden (nachfolgend CHAT [*Cultural Historical Activity Theory*] oder Tätigkeitstheorie). Dabei wird auf die zahlreichen historischen Bezüge, auf die sich Engeström bezieht, nur dort eingegangen wo dies für die nachvollziehbare Rekonstruktion als sinnvoll erscheint. Daraufhin erfolgt die Übertragung von Engeströms Modellierung auf die pflegerische Beratungspraxis mit dem Ziel einer Skizzierung eines Tätigkeitssystems *Pflegerische Patientenedukation* als Ermöglichungsraum für Lernprozesse bei chronisch kranken Menschen.

6.1 Rekonstruktion einer Theorie expansiven Lernens

Die CHAT des finnischen Erwachsenenpädagogen Yrjö Engeström fußt auf zahlreichen Erkenntnissen der kulturhistorischen Schule der Tätigkeitstheorie. Die kulturhistorische Schule ist eine psychologisch-anthropologisch geprägte, humanwissenschaftliche Forschungsströmung, die mit einer Gruppe sowjetischer Wissenschaftler in Verbindung gebracht wird, die im 20. Jahrhundert unterschiedliche und sich überschneidende Themen an den Schnittstellen von Kultur, Gesellschaft, Psychologie und Pädagogik bearbeitete, darunter Lew Vygotskij und Aleksei Leont'ev. Die Forschungsthemen umfassten u.a. Bewusstsein, kindliche Entwicklung, historisch-anthropologische Kulturforschung, Sprachtheorie und Entwicklungspsychologie. „Das einigende Band dieses breiten thematischen Spektrums stellt das ambitionierte Vorhaben dar, eine umfassende Psychologie des gesellschaftlichen Menschen zu schaffen" (Kölbl 2006). Insofern nimmt es nicht wunder, dass sich die Tätigkeitstheorie vornehmlich auf die (lernende) Interaktion zwischen Mensch und Umwelt fokussiert (vgl. Holle 2019, S. 57)" (ebd.). Sie wird u.a. in der (forschenden) Organisationsberatung eingesetzt, so auch von Engeström selbst (vgl. Engeström 2016, 2018). Motivation Engeströms war die sich rasant beschleunigende Arbeitswelt und die mit dieser Entwicklung verbundenen Annahmen über organisationales Lernen in Unternehmen. Diese könnten nicht mehr antizipieren, was zu lernen sei, um auf sich anbahnende Veränderungen vorbereitet zu sein. Weder wisse man, welche Veränderung sich zukünftig vollziehe, noch könne man Teams auf Veränderungen mit Vorlauf vorbereiten:

„Nobody knows exactly what needs to be learned. The design of the new activity (externalization) and the acquisition of the knowledge and skills it requires (internalization) are increasingly intertwined." (Engeström 2014, S. 69)

In Deutschland trug der Lernpsychologe Klaus Holzkamp im Rahmen einer kritischen Psychologie im Allgemeinen und im Rahmen der Einführung seines Aneignungsbegriffs im Besonderen zur Revitalisierung der tätigkeitstheoretischen Ideen in Deutschland bei (vgl. Holzkamp 1995). Aneignung bedeutete für ihn die tätige Auseinandersetzung des Menschen mit seiner Umwelt und mit seiner gegenständlichen und symbolischen Kultur (vgl. Deinet/ Reutlinger 2014a, S. 14). In der gegenwärtigen Pädagogik dient sie u.a. als Fundament für Konzepte der Sozialraumanalyse/-arbeit bzw. zur Analyse der Lebenswelt-Aneignung von Kindern und Jugendlichen (vgl. Deinet/ Reutlinger 2014).

Illeris verortet Engeströms Tätigkeitstheorie in seinem Lerntheorien-Dreieck unter das Cluster der „Aktivitätstheorie" (in Abgrenzung zu „Sozialisationstheorie"), mittig platziert zwischen einem subjektiv-kognitiven Pol *Wahrnehmung* und einem gesellschaftlichen Pol *Gesellschaft* (vgl. Illeris 2006, S. 38 f. → **Abb. 2**).

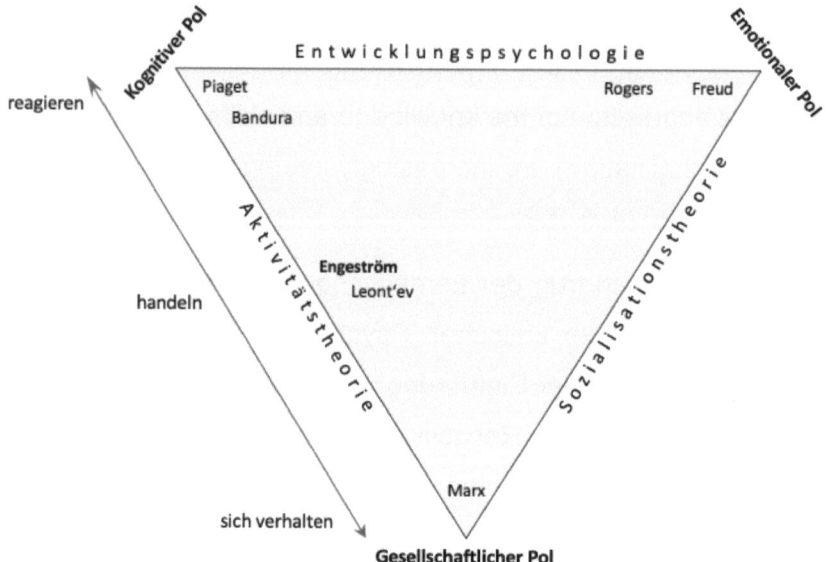

Abbildung 1: Theoretische Einordnung der Tätigkeitstheorie Engeströms; eigene, adaptierte Darstellung in Anlehnung an Illeris 2006

6.1.1 Hypothesen

Engeströms Tätigkeitstheorie postuliert, dass sich Lernprozesse im Rahmen sogenannter Tätigkeiten vollziehen. Engeström versteht unter Tätigkeiten komplexe Systeme aus menschlichen Arbeits- und Lernprozessen; Arbeit und Lernen werden integrativ verstanden (vgl. Geithner 2018, S. 16). Die Handlungen der im Tätigkeitssystem agierenden Individuen emergieren zu einer kollektiven Tätigkeit. Ziel oder Ausrichtung einer Tätigkeit ist ein kollektiv anerkanntes *Objekt*; es ist das „konstituierende Merkmal eines Tätigkeitssystems" (a.a.O., S. 18). Fundamental ist hierbei die Unterscheidung von individueller Handlung und kollektiver

Tätigkeit. In einer Tätigkeit wirken individuelle Handlungen zusammen, um ein gemeinsames Ergebnis zu erreichen (vgl. Holle 2019, S. 64); die Tätigkeit ist das vermittelnde Momentum zwischen Subjekt und seiner Umwelt (vgl. Kölbl 2006, S. 131). Ein Tätigkeitssystem muss nicht zwingend einer formalen Organisation entsprechen, eine Organisation, z.B. eine Automobilfabrik oder eine Klinik, kann jedoch einen strukturellen Rahmen für ein oder mehrere Tätigkeitssysteme bzw. Teams bilden (vgl. Geithner 2018, S. 18). Eine Tätigkeit setzt sich aus Subjekt-Objekt- und Subjekt-Subjekt-Relationen zusammen, darüber hinaus aus „Ziel-Mittel-Bedingungs-Relationen", Arbeits- oder Funktionszuweisungen, Regeln und Normen zur Kollaboration (Giest/ Lompscher 2005, S. 108 f.; → **Abb. 3**). Jede menschliche Tätigkeit kann nur vor dem Hintergrund ihres Kontextes verstanden werden. Die Elemente einer Tätigkeit (Handlungen, Routinen, Normen, Werkzeuge etc.) sind nicht statisch, sondern passen sich dynamisch (bzw. lernend) an, wenn sich Kontext- bzw. Umweltbedingungen ändern (vgl. Holle 2019, S. 57 f.). Abbildung 3 zeigt das allgemeine Strukturmodell menschlicher Tätigkeit nach Engeström, dessen Strukturelemente und Binnendynamiken im Rahmen der Anwendung näher erläutert werden (→ Kap. 6.3.1):

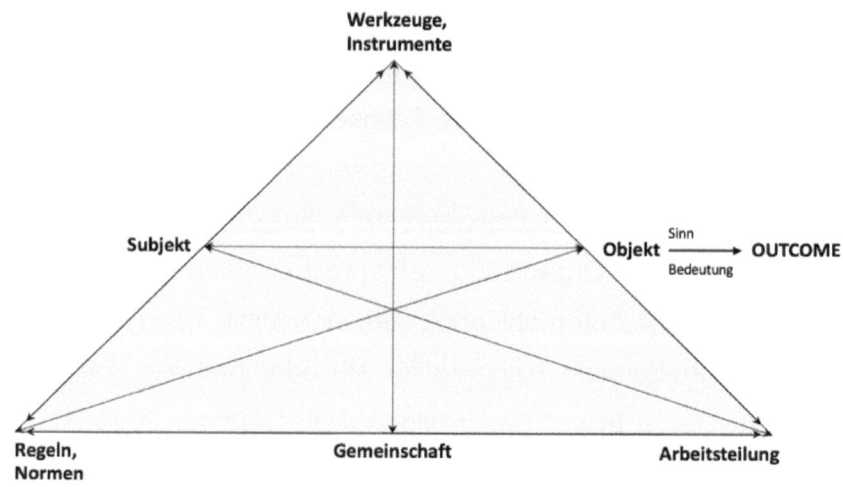

Abbildung 2: Allgemeines Strukturmodell menschlicher Tätigkeit nach Engeström; eigene Abb. in Anlehnung an Engeström 1987, S. 78

Lernen vollzieht sich demnach prozessual innerhalb eines Tätigkeitssystems. Lernen ist ein dynamischer, spiralförmiger Prozess zu einer sogenannten *Zone der nächsten Entwicklung*: In einer gegenwärtigen Zone werden Handlungen ausgeführt, die mit der Zeit Konflikte und Widersprüche erzeugen oder im Hinblick auf den anvisierten Gegenstand des Tätigkeitssystems (*Objekt*) als insuffizient diagnostiziert werden. Der nun initiierte Veränderungs- bzw. Lernprozess mit dem Ziel, Widersprüche aufzulösen, führt zu einer Transformation der Tätigkeitsmuster und mithin zu einem neuen, expandierten Gegenstand bzw. *Objekt* des Tätigkeitssystems (vgl. Engeström 2011, S. 420). „[...] learners construct a new object and concept for their collective activity, and implement this new object and concept

110

in practice" (Engeström 2014, S. 68). Im Rahmen dieser Praxis sind Lerninhalte, -prozess und -ergebnis unbestimmt.

6.1.2 Annahmen

Annahme 1: Tätigkeiten konstituieren sich u.a. auf der Grundlage individueller Handlungen. Daher unterscheidet Engeström – in Rückgriff auf theoretische Annahmen Leont'evs – zwischen *Tätigkeit* und *Handlung*. Expansives Lernen ist eine emergente Bewegung von individuellen Handlungen zu einer kollektiven Tätigkeit (vgl. Engeström 2011, S. 411). „Individuelles und kollektives Lernen verschmelzen in der Tätigkeit" (Geithner 2018, S. 21). Das Attribut der Expansivität verweist auf die kritische, dekonstruierende Absicht, Restriktionen aufzudecken bzw. sich neue Ermöglichungsräume zur Selbstermächtigung zu eröffnen (vgl. Faulstich/ Ludwig 2004, S. 23)

Annahme 2: Der Gegenstand eines Tätigkeitssystems bzw. das *Objekt* verleiht einer Tätigkeit Sinn; es motiviert die innerhalb eines Tätigkeitssystems Agierenden zu handeln. Das Objekt ist eine „wandelbare Konstruktion, die über das Tätigkeitssystem vermittelt wird" (Reis 2018, S. 44). Das bedeutet, Motive bzw. *Bedeutungen* einer Tätigkeit werden als handlungsleitende, individuell wirksame Entitäten auf kollektiver Ebene erzeugt, nicht auf

individueller[31]. Eine Bedeutung wird jedoch auf individueller Ebene, im konkreten Arbeitsprozess als persönlicher
Sinn subjektiviert bzw. internalisiert (vgl. Kölbl 2006, S. 134
f.).

Annahme 3: Konflikte, Widersprüche und Anomalien sind
die Treiber von Veränderung bzw. von Transformation zu
expansivem Lernen. Diese sind einem Objekt inhärent:

> „The object of an activity is always internally contra-
> dictory. It is these internal contradictions that make
> the object a moving, motivating and future-genera-
> ting target. Expansive learning requires articulation
> and practical engagement with inner contradictions
> of the learners' activity system." (Engeström 2014, S.
> 72)

Annahme 4: Expansives Lernen impliziert eine Aufgabe
(Handlung) und entsprechende Werkzeuge für Entwick-
lungsinterventionen; diese nennt Engeström *Artefakte* (vgl.

---

[31] Engeström führt als anschauliches Beispiel die arbeitsteilige Jagd
(Tätigkeit) in Frühgesellschaften an: Ein Teil der Stammesmitglieder
treibt das Wild gezielt vor sich her (Handlung 1), die zweite Gruppe
erlegt das Tier mit Speeren (Handlung 2; vgl. Engeström 2011, S. 16
f.). Die Tätigkeit kann somit als ein verallgemeinerter Gegenstand
mit kollektiv-gesellschaftlicher Relevanz interpretiert werden, das
Motiv ist die Existenzsicherung, die Handlung als spezifischer Aspekt des verallgemeinerten Gegenstandes, der mit persönlichem
Sinn verbunden ist (→ **Abb. 3**).

Engeström 2011, 2014, S. 73 f.). Artefakte haben einen re-
ziprok-vermittelnden Charakter: Ein Subjekt formt einerseits über Artefakte die kollektive Tätigkeit, wird jedoch
selbst wiederum von dieser Tätigkeit beeinflusst bzw. geformt (vgl. Engeström 2011, S. 369). Engeström differenziert Klassen von Artefakten, hierunter materielle Werkzeuge (z.B. Maschinen), aber auch immaterielle *Werkzeuge* wie z.B. Verfahrensanweisungen, Konzepte, Leitli-
nien, mentale Modelle, aber auch wissenschaftliche Theorien bzw. empirische Studien (vgl. Geithner 2018, S. 17).
Für Engeströms Theorievorbild Leont'ev war Sprache das
wichtigste Instrument zur Erzeugung objektiver Bedeutungen (vgl. Kölbl 2006, S. 134).

Annahme 5: Expansives Lernen ist durch einen vielstim-
migen Prozess des Dialogs und der Verhandlungen charakterisiert (*Heteroglossie*) – unter Einbeziehung aller im
Tätigkeitsystem agierenden Subjekte (vgl. Engeström
2011, S. 415).

6.2 Engeströms Lernbegriff: Lernen als Trans-
formation

Engeström vermeidet typische bildungstheoretische Definitionen oder Differenzierungen der Kernbegriffe *Lernen*
und *Bildung*, auch wenn er sie indirekt vor einem negativen
Hintergrund immer wieder aufgreift bzw. abgrenzend von
dem her definiert, was sie seiner Auffassung nach eben

nicht bedeuten[32]. So verwirft er u.a. jegliche Annahmen zur Kompetenzentwicklung. Lernen bedeute keine „vertikale Verbesserung entlang [...] von Kompetenzskalen", sondern sei eher eine „horizontale Bewegung" bzw. ein Austausch und eine Verschmelzung von individuellen Lernaktivitäten und kollektiven Transformationsprozessen (a.a.O., S. 405). Lernen bedeutet in der Theorie des expansiven Lernens keine verklärte Entwicklung eines Menschen zu einer sich autonomisierenden, mündigen Persönlichkeit; im Gegenteil. Engeströms Ansatz ist es, sich „mit Lernen und Entwicklung auf der Stufe der kollektiven Tätigkeit auseinander zu setzen" (a.a.O., S. 411). Engeström geht es darum:

> „[...] die soziale sowie die instrumentelle Vermitteltheit von Lernprozessen in ihrer Verschränkung deutlich und als Analyseinstrumentarium für organisationale Lernprozesse nutzbar zu machen." (Grunert/ Ludwig 2018, S. 63)

---

[32] Expansives Lernen ist eine begriffliche Weiterentwicklung des Aneignungsbegriffs. „In der Pädagogik wird der Aneignungsbegriff auch außerhalb der Tätigkeitstheorie im Sinne eines vertieften oder nachhaltigen Lernens verwendet" (Kuckhermann 2018, S. 83). Prozessual bzw. „in aktiver Tätigkeit eignet sich der Mensch die materiellen und ideellen Gegebenheiten seiner Gesellschaft an, indem er sie zugleich herstellt" (ebd.). Lernen kann in dieser Lesart als Verfügung bzw. Selbstermächtigung über die eigenen Lebensbedingungen interpretiert werden.

Insofern lässt sich schließen, dass sich Engeström nicht für individuelle Lern- und Bildungsprozesse interessiert, sondern für Veränderungen eines (Tätigkeit-)Systems[33]. Expansives Lernen bedeutet aber nicht ein reaktives, sich verhaltendes Anpassen an eine wie auch immer geartete soziale Tätigkeitsumwelt, sondern eine dynamische, prozessuale und pragmatische Erweiterung der individuellen und kollektiven Handlungsoptionen (vgl. Engeström 2014, S. 69). „[I]ndividuelles und kollektives Lernen verschmelzen in der Tätigkeit" (Geithner 2018, S. 20 f.); es wird etwas Neues entstehen, von dem noch nicht klar ist, was dies sein wird, wie es sich manifestiert bzw. wie es auf die Subjekte innerhalb eines Tätigkeitsystems zurückwirkt. Auch wenn das Individuum dabei zugunsten kollektiver Lern- bzw. Transformationsprozesse insgesamt in den Hintergrund rückt, so stellt das Tätigkeitssystem nicht nur eine Quelle von Lernen dar, sondern auch einen Ermöglichungsraum für objektzentrierte, aber individuelle

---

[33] Zur Veranschaulichung lohnt sich der wiederholte Blick auf Illeris' Lerndreieck: Im Gegensatz zu den Tätigkeitstheorien, die Illeris mittig zwischen einem subjektiv-kognitiven Pol *Wahrnehmung* und einem Pol *Gesellschaft* platziert, verortet er an der Spitze seines Lerndreiecks bzw. an den subjektiv-kognitiven Theorien-Pol Autoren wie Jean Piaget oder Albert Bandura (vgl. Illeris 2006, S. 38 f.; → **Abb. 2**). Für Piaget ist der Lernende absolut zentral zur Erklärung von Lernprozessen. Auch der Psychologe Bandura vernachlässigt Aspekte kollektiven Lernens bzw. beschreibt Lernen grundsätzlich als einen Austausch von Wissen zwischen Individuen zum Zweck der (sozialen) Anpassung.

Lernprozesse (Grunert und Ludwig nennen dies eine „Kontextualisierung" für Lernprozesse; Grunert/Ludwig 2018, S. 58).

6.2.1 Der Zyklus expansiven Lernens

In Summe bedeutet Lernen in der Lesart Engeströms *Transformation*; Transformation bedeutet Auflösung von Widersprüchen in einem Tätigkeitssystem und die Entwicklung zu einer Zone der nächsten Entwicklung. In der Dialektik aus einer Transformationsaufgabe und zur Verfügung stehenden Werkzeugen wird Neues gelernt bzw. hergestellt. Ein Indikator dafür, ob expansives Lernen stattgefunden hat, ist eine wie auch immer geartete, modifizierte Form der Kollaboration von Subjekten innerhalb des Tätigkeitssystems bzw. die Auflösung von Widersprüchen vor dem Hintergrund eines kollektiv geteilten Handlungsmotivs bis hin zur Entwicklung eines neuen Objekts als Bedeutungsträger (vgl. Geithner 2018, S. 19). Engeström definiert eine idealtypische Spirale bzw. einen Zyklus des expansiven Lernens. Dieser prozesshafte Ablauf beinhaltet sechs Lernhandlungen, die in Kapitel 6.3. in der Anwendung auf ein Tätigkeitssystem *Pflegerische Patientenedukation* näher erläutert werden sollen. Einem idealtypischen Zyklus expansiven Lernens – einleitend wurde bereits darauf aufmerksam gemacht, dass ein solcher Lernprozess in der Praxis nicht geradlinig oder ausschließlich konstruktiv verläuft (vgl. Engeström 2011, S. 425) – sind folgende Lernhandlungen inhärent (vgl. a.a.O., S. 420 f.; Geithner 2018, S. 19 f.):

1. *Infragestellung:* Subjekte stellen Aspekte des Tätigkeitssystems infrage, Widersprüche werden wahrgenommen und artikuliert. „In der Logik des expansiven Zyklus wird angenommen, dass ein neuer Zyklus beginnt, wenn ein bestehendes, relativ stabiles Tätigkeitsmuster in Frage gestellt wird" (Engeström 2011, S. 431).

2. *Situationsanalyse:* Zu den Widersprüchen und vermeintlichen Gründen werden Hypothesen formuliert. Die wahrgenommen Widersprüche können nicht auf der Grundlage der vorhandenen Werkzeuge bzw. „des vorhandenen Wissens und Verstehens" gelöst werden (Geithner 2018, S. 19).

3. *Modellieren:* Neue Lösungsvorschläge werden zu (theoretischen) Modellentwürfen verdichtet. Unter Zuhilfenahme von Heuristiken kann eine Zone der nächsten Entwicklung „als multi-dimensionaler und spannungsgeladener Raum" dargestellt werden, in dem die Subjekte optionale Entwicklungen algorithmisch-vergleichend antizipieren und sich anschließend für die beste Alternative entscheiden können (vgl. Engeström 2011, S. 431).

4. *Überprüfung:* Das theoretische Modell wird testend angewendet und auf Chancen und Risiken überprüft.

5. *Implementierung:* Das Modell wird umgesetzt.

6. *Reflexion:* Im weiteren Verlauf ergeben sich weitere Widersprüche zu benachbarten Tätigkeitssystemen. Diese erfordern ggf. weitere theoretische und konzeptionelle Anpassungen.

7. *Konsolidierung:* Das Modell geht in eine stabile Praxis mit konstanten Prozeduren über bis zum Auftauchen neuer Widersprüche, die ihrerseits wiederum einen Zyklus expansiven Lernens initiieren.

6.2.2 Zusammenfassung

Zusammenfassend lassen sich die bisher im Kapitel 6 gemachten Erläuterungen zu fünf Prinzipien verdichten mit deren Hilfe das Tätigkeitssystem *Pflegerische Patientenedukation* anschließend theoretisch analysiert werden soll (vgl. Hackel et al. 2011, S. 18):

1. **Strukturmodell menschlicher Tätigkeit:** Im Strukturmodell menschlicher Tätigkeit (→ **Abb. 3**) können Tätigkeitssysteme in Bezug auf Systemelemente, Relationen zwischen diesen Elementen und relevante, wiederkehrende Prozesse untersucht werden. Zwischen System und seinen Elementen/ Subjekten besteht eine reziproke (Lern-)Dynamik.

2. **Vielstimmigkeit:** Unterschiedliche Akteure konstituieren und beeinflussen ein Tätigkeitssystem durch ihr Handeln und Wahrnehmen/ Artikulieren von Widersprüchen.

3. **Widerstände:** Anomalien, Konflikte und Widerstände konstituieren Lernanlässe und Lerngegenstände; sie initiieren Transformationsprozesse bzw. Lernzyklen.

4. **Zyklus des expansiven Lernens:** Tätigkeitssysteme sind dynamisch und haben stets die Möglichkeit zur Veränderung bzw. der Transformation immanent.

5. **Historizität:** Tätigkeiten können nicht losgelöst von ihrem sozio-kulturellen Hintergrund und ihrer historischen Entwicklung betrachtet werden.

Diese fünf Prinzipien dienen als roter Faden für eine Anwendung auf ein Tätigkeitssystem *Pflegerische Patientenedukation*. Nicht zuletzt aufgrund der Heterogenität des Arbeitsfeldes Pflege (chronisch kranker Menschen) dient die folgende Adaption lediglich als holzschnittartige Bedienungsanleitung für eine Anwendung in konkreten Teams und deren jeweiligen Arbeitssettings (vgl. Prinzip 2)[34].

---

[34] Für eine konkrete und Tätigkeitssystem bezogene Anwendung haben Engeström et al. selbst eine Interventionsmethode zur Steuerung von Entwicklungsprozessen konzipiert und begleiten Teams über einen längeren Zeitraum. Eine solche Organisation entwickelnde Methode des *Change Laboratory* „führt im Idealfall zu einem vollständigen Zyklus expansiven Lernens" (Geithner 2018; vgl. Engeström 2018).

6.3 Tätigkeitstheoretische Analyse pflegerischer Beratungspraxis

Um dem Prinzip der Historizität gerecht zu werden, macht eine Zwei-Stufen-Übersetzung der Tätigkeitstheorie auf das Arbeitsfeld *Pflegerische Patientenedukation* Sinn. Im ersten Schritt soll daher zunächst die gegenwärtige, als insuffizient charakterisierte Patient-Pflege-Interaktion rekonstruiert werden. Im Anschluss daran erfolgt die Abbildung eines Strukturmodells, das einen zu erreichenden Soll-Zustand modelliert. Im Zuge dessen wird ein exemplarischer Zyklus expansiven Lernens nachverfolgt, der schließlich zur Anpassung des Tätigkeitssystems bzw. zum Erreichen einer Zone der nächsten Entwicklung führt.

6.3.1 Strukturmodell: Alltagskompetenz des chronisch kranken Menschen

Überträgt man die im allgemeinen Strukturmodell definierten Elemente auf die gegenwärtige pflegerische Informations- und Schulungspraxis, ergibt sich das folgende Modell für die Tätigkeit *Pflegerische Patientenedukation* wie in Abbildung 4 dargestellt: Handelnde *Subjekte* im Tätigkeitssystem sind Patienten, ihre Angehörigen sowie examinierte Pflegefachkräfte eines Teams. Dieses Team ist unter dem Aspekt *Gemeinschaft* näher präzisiert. Hier kann es sich um ein Klinikteam handeln, z.B. einer onkologischen oder palliativmedizinischen Klinikabteilung, oder um ein ambulantes Pflegeteam, z.B. im Rahmen der ambulanten oder spezialisierten Palliativversorgung. Weitere Versorgungssettings sind darüber hinaus denkbar, z.B. palliative Ambulanzen; eine solche existiert u.a. am Klinikum München. Mit dem Teamcharakter bzw. Versorgungssetting korrespondiert eine eigentümliche Organisationsstruktur bzw. arbeitsteilige Strukturen, Prozesse und Hierarchien. Allgemeine Aspekte, die für alle Teams Bedeutung haben, sind die Existenz von Teamleitungen, die maßgeblich den Personaleinsatz planen. In den Strukturmerkmalen *Gemeinschaft* und *Arbeitsteilung* greifen bereits Tätigkeitssystem immanente *Normen* wie z.B. die Norm, ob es das Management als wertvoll erachtet, personale Kontinuität zum Aufbau einer Patient-Pflege-Beziehung im Dienst- und Routenplan anzustreben oder es lediglich darum geht, Pflichtvisiten bzw. -interaktionen nach Effizienzkriterien umzusetzen. Darüber hinaus sind weitere implizite und explizite Regeln im Tätigkeitssystem wirksam und determinieren die Beziehungen der Subjekte innerhalb des Tätigkeitssystems. In Summe kreisen diese um die den Primat des biomedizinischen Paradigmas mitsamt dessen Effizienzstrategien, die sich in den leistungsrechtlichen Katalogen des Sozialgesetzbuches V bzw. XI widerspiegeln. Entsprechend praktizieren Pflegende Informations- und Schulungsaspekte in instruktionistischer Manier.

Objekt bzw. Motiv des Tätigkeitssystems ist die Stärkung von Alltagskompetenz. Dabei wird von einem engen Verständnis von Alltagskompetenz ausgegangen. Wie bereits in Kapitel 5 argumentiert worden ist, verengt die Einschränkung auf Körper, Defizite und Wissen den Blick auf hilfsbedürftige Menschen. Alltagskompetenz bedeutet in einem derart engen Verständnis, nicht mehr zu funktionieren bzw. Funktionen zum Erreichen einer Alltagskompetenz wiederherzustellen (z.B. Anpassen einer Perücke, Organisation von Hilfsmitteln, Beantragung von Leistungen wie z.B. Pflegegeld oder Rente). Zur Bearbeitung von Lernanlässen im Rahmen des leidgeprüften und schöpferischen Lernens reicht diese funktional verengte Interpretation von Alltag nicht aus. Somit bleibt die Frage offen, ob und – wenn ja – welchen je individuellen Sinn das Objekt Alltagskompetenz für die Subjekte im Tätigkeitssystem bereithält, wenn die Patienten-Pflege-Beziehung durch *Hilfe und Kontrolle* geprägt ist. Zur Umsetzung von Informations- und Schulungshandeln kommen solche Strategien bzw. Lehr-Lern-Interaktionsmuster, die sich in das Cluster des verwalteten und zielgerichteten Lernens subsummieren lassen. Das Aushändigen bzw. Vermitteln kanonisch definierten Wissens korrespondiert mit Leistungskennziffern aus den Sozialgesetzbüchern; entscheiden ist der Nachweis, dass dem Patienten Wissen und materielle Unterstützung zugänglich gemacht worden sind. Screening- und Assessment-

instrumente dienen der Kontrolle des Lern- bzw. Entwick-
lungsfortschritts. Auch wissenschaftliche Verfahren und
Theorien sind Teil des Strukturmerkmals *Instrumente*. Zu
solchen Verfahren gehören u.a. randomisiert kontrollierte
Studiendesigns, wie sie vornehmlich in der Medizin durch-
geführt werden, aber auch die von Zegelin angeführten Bezugstheorien pflegerischer Patientenedukation (vgl. Kap.
5.2) finden Anwendung, sofern sie von den Subjekten als
probates Werkzeug im Sinne des Objekts Alltagskompetenz bewertet werden.

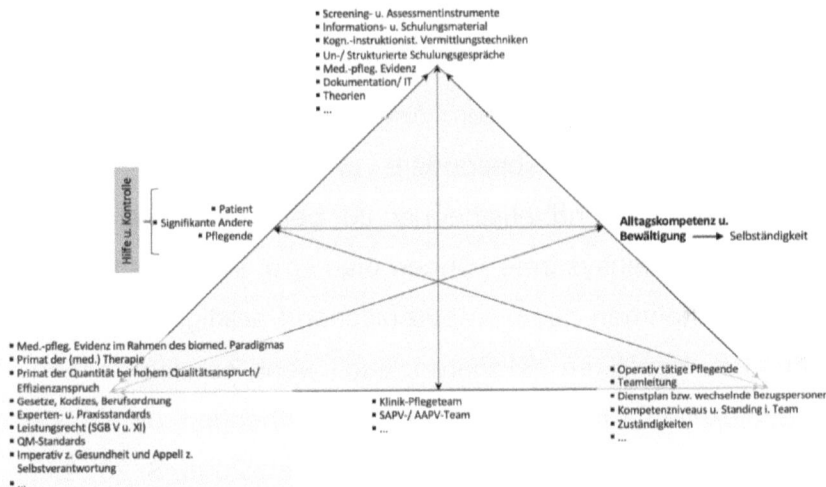

Abbildung 3: Modellierung pflegerischer Patientenedukation als Tätig-
keitssystem; eigene Darstellung in Anlehnung an Engeström 1987, S.
78

6.3.2 Vielstimmigkeit: Auslöser für Konflikte und Veränderungen

Vielstimmigkeit ist ein Phänomen, das dem Effizienzkriterium im Tätigkeitssystem tendenziell nicht dienlich ist. Im Idealfall verlaufen Informations- und Schulungsprozesse aufeinander abgestimmt, zum richtigen Zeitpunkt, reibungslos und standardisiert. Im Idealfall kann ein Patient das angebotene Wissen verstehen und es in Mitarbeit am Genesungsprozess aktiv übersetzen. Jedoch: Jede Pflegeperson weiß, dass die Realität anders aussieht. Patienten oder Angehörige äußern Unsicherheit, Zweifel, sind ggf. kognitiv überfordert oder gehen aus unterschiedlichen Gründen auf Distanz zum Angebot bzw. zur beratenden Pflegefachkraft. Insbesondere unkonventionelle Krankheits- und Gesundheitstheorien der betroffenen Menschen bzw. Familiensysteme können diametral in Opposition zu den Annahmen des biomedizinischen Paradigmas stehen und zu Konflikten eskalieren, auch wenn es sich bei den subjektiven Krankheits-/ Gesundheitstheorien um abänderbare Konstruktionen handelt (vgl. Setz 2008, S. 25). Ein Beispiel ist der Einsatz von opioidhaltigen Schmerzmitteln. Gerade betagte Patienten assoziieren mit diesen Präparaten aufgrund historischer Erfahrungen weniger Schmerzfreiheit, sondern ein schnelles Herbeiführen des Todes. Es braucht z.T. umfassende Kommunikation, Patienten davon zu überzeugen, dass sich Galenik und Feindosierung in den vergangenen Jahrzehnten verbessert haben und ihr Einsatz u.U. die Lebensqualität des Patienten vorteilhaft beeinflussen kann (vgl. Wenner 2017, S. 28).

Nicht nur zwischen Patient und Pflegenden, sondern auch innerhalb der Pflege-Community selbst zirkulieren unterschiedliche professionelle Auffassungen und Konstruktionen, z.B. zu Kommunikations- und Schulungsmodi. So sehen die einen in der Einführung neuer Standards zum Entlassmanagement im Krankenhaus eine Chance zur Optimierung der Schnittstelle zwischen stationärer und ambulanter Versorgung, andere wiederum einen zusätzlichen Verwaltungsaufwand, der die Zeitdruck des Pflegepersonals weiter erhöht.

6.3.3 Widerstände: Auslöser expansiven Lernens

Wenn die Vielstimmigkeit innerhalb des Tätigkeitssystems zu groß wird bzw. die Kritik an Verfahren, Strukturen und Prozessen wächst, werden Konflikte im Tätigkeitssystem virulent. Diese beziehen sich auf Patient-Pflege- bzw. Angehörige-Pflege-Interaktion, aber betreffen u.U. auch das Handeln innerhalb des Pflegeteams. Diese artikulieren sich anfangs in unspezifischen Gedanken und Gefühlen im Sinne eines „Es stimmt etwas nicht" bzw. „Es muss besser werden" bis hin zu einer immer weiter ausdifferenzierten Problembeschreibung, -eingrenzung und expliziten Diskussionen. Im Idealfall kommt es im weiteren Verlauf zu einer konstruktiven Auflösung der Widersprüche; es findet eine Transformation statt, hin zu einer Zone der nächsten Entwicklung. Ein Meta-Beispiel ist das Thema der vorliegenden Untersuchung bzw. das subjektiv empfundene Spannungsverhältnis zwischen einer Notwendigkeit und dem *gesollten* Anspruch an eine professionelle pflegerische Beratungspraxis und der tatsächlichen Reichweite einer de facto umgesetzten Schulungs- und Kontrollpraxis eingedenk der komplexen Patient-Pflege-Interaktion, die partnerschaftlichen Charakteristika Rechnung trägt, aber auch strukturelle Potentiale zu würdigen weiß.

Eine relevante Quelle von systemimmanenten Ambiguitäten und Widerständen sind normengetriggerte Konflikte. In Kapitel 6.3.2 wurde bereits ein Beispiel angeführt. Ein weiteres Beispiel ist der im gesamten Gesundheitssystem wirksame Konflikt zwischen (politisch eingeforderten) qualitativen Ansprüchen an eine pflegerische Tätigkeit im Allgemeinen und an beratende Tätigkeit im Besonderen und der erschwerten Umsetzung von Qualitätsstandards vor dem Hintergrund schwindender Erlöse und knapper Personalressourcen. Ein dritter Beispielkomplex verweist auf die Konflikterfahrungen im Grenzbereich zwischen kurativer und palliativer Versorgung. Hier sind Patienten u.U. weiterhin offen für therapeutische Maßnahmen in kurativem Sinne, spüren jedoch, dass sie dem organisationalen Stress in den Einrichtungen der Akutversorgung, vornehmlich in den Kliniken, nicht mehr gewachsen sind bzw. dieser sie mehr stresst als Benefit bereitzuhalten. Kerosuo analysiert Interviews mit chronisch Kranken bzw. deren Aussagen hinsichtlich dieses Aspekts:

> „Then when I got this [...] pneumonia [...] the ambulance took me to the primary care hospital. [...] They did not do anything at the hospital. The physician said at first that I have to be taken for x-rays. Nobody took me there. I was left collapsed on the wheelchair. I hardly was able to stand up. [...] I feel like nobody cares for me." (Kerosuo 2006, S. 114)

Dieses Zitat ist nicht nur der verzweifelte Ausdruck eines Konflikts innerhalb eines Tätigkeitssystems, sondern gibt zudem einen Hinweis auf Objekt- bzw. Zielkonflikte zwischen unterschiedlichen Tätigkeitssystemen. Engeström und andere Autoren fassen u.a. den Patienten und seine Angehörigen als eigenes Tätigkeitsystem auf, aber auch eine Klinik (als Primärversorger) sowie jeweils weitere sekundäre Versorgungssysteme, darunter die allgemeine Medizin bzw. Pflege in Akut-Kliniken (vgl. a.a.O., S. 86 ff.).

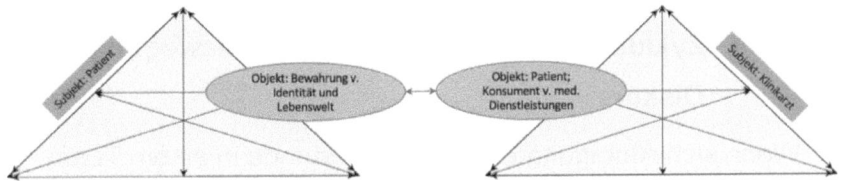

Abbildung 4: Modellierung konkurrierender Objekte und mit diesen kor-respondierende Normen. Die Tätigkeitssysteme interagieren nicht mit-einander; es gibt keinen gemeinsamen Nenner i.S. eines potentiell ge-teilten Objekts („potentially shared object"); eigene Darstellung in Anleh-nung an Engeström 2018, S. 35 ff. u. S. 15

Auch eine externe Intervention zur systematischen Beglei-tung von Transformationsprozessen, z.B. im konzeptionel-len Rahmen eines sogenannten *Change Laboratory*, stellt in Engeströms Verständnis ein eigenes Tätigkeitssystem mit je eigenen Systemkomponenten und einem je eigenen Gegenstand dar, auf den die gesamte Tätigkeit gerichtet ist.

Nicht zuletzt können Artefakte bzw. *Instrumente* Wider-stände provozieren, wenn bei Subjekten das Gefühl ent-steht, dass die eigene Arbeit ungenügend theoretisch ge-rahmt wird oder (theoretische) Werkzeuge das Hinarbeiten auf ein Objekt ungenügend ermöglichen (z.B. die unbe-wusste Interiorisation eines überkommenen Gesundheit-Krankheit-Dualismus, sowohl bei Patienten, aber auch bei Pflegenden). Das ist z.B. der Fall, wenn Assessmentinstru-mente unreflektiert oder nach dem Gießkannenprinzip An-wendung finden.

6.3.4 Zyklus expansiven Lernens: Lernbewegung als Diskurs

Wenn sich Ambiguitäten oder Widerstände in einem Team, einem Kollektiv bzw. in einem Tätigkeitssystem zu einer

Transformationsaufgabe verdichtet haben, hat der Zyklus expansiven Lernens bereits begonnen. Diese initiale Phase entspricht der Phase 1 im expansiven Lernzyklus (*Infragestellung*). Korrespondierende Fragen könnten z.B. lauten: Können wir Patienten mit unseren etablierten Interventionen wirklich helfen? Was bedeutet Alltag und Lebenswelt für unsere Patienten? Entspricht unsere pflegerische Arbeit im Allgemeinen und die edukative Tätigkeit im Besonderen unseren individuellen und kollektiven Konstruktionen eines pflegeethischen Anspruchs? Wie erheben wir beratende Performanz oder Devianz? Arbeiten wir auf der Grundlage realistischer oder *richtiger* Motive? Wer oder was behindert mich bzw. das Tätigkeitssystem an der Ausübung einer fortschrittlichen Beratungspraxis (siehe hierzu auch Kap. 6.3.5)? Im Rahmen einer Situationsanalyse könnten folgende Hypothesen stehen:

- Pflegerische Patientenedukation muss chronisch Kranken Struktur i.S. einer Unterstützung zur Wiederaneignung eines Identität stützenden Alltags anbieten (neues *Objekt*).

- Im Zentrum steht eine pädagogisch gerahmte Patient-Pflege-Beziehung, die auf der Grundlage individuell ermittelter Lernbedürfnisse Begegnungs-, Verstehens-, Anerkennungs- und Lernräume i.S. von Ermöglichungsräumen produziert.

- Für diese Aufgabe stehen uns etablierte Instrumente zur Verfügung, die weiterhin notwendig, aber nicht hinreichend sind. Der *Werkzeugkasten* muss – auf der Grundlage neuer, zu vitalisierender Normen – um neue Instrumente ergänzt werden, z.B. um Techniken der Biografiearbeit, um eine *Narrative Palliative Care* und um ein theoretisches Framework rund um den Terminus Hoffnung und um eine Pädagogik der Anerkennung (vgl. Kapitel 5.1.3).
- In der prozessualen Dialektik aus Arbeit und Lernen wird das Lernen zum Kernbegriff des neuen Tätigkeitssystems avancieren und das Tätigkeitssystem *Pflegerische Beratungspraxis* als Konstruktion determinieren bzw. das Handeln aller Subjekte, Patienten wie auch Pflegende, rahmen.

Im weiteren Verlauf erfolgt, wie bereits in Kapitel 6.2.1 erläutert, das Modellieren, Überprüfen und Implementieren eines neuen Tätigkeitssystems. In der gemeinsamen Reflexion, Diskussion, Konstruktion und der alltäglichen Arbeit – Engeström betont, dass Transformationsprozesse nicht top-down gesteuert werden können, sondern aus dem Tätigkeitssystem selbst initiiert und geführt werden müssen (vgl. Engeström 2018, S. 218 ff.) – emergiert ein neues, für das Tätigkeitssystem bedeutsames Objekt (→ **Abb. 6)**. Es hat eine Transformation stattgefunden, die allerdings erst dann beendet ist, wenn die im System Handelnden einen subjektiven Sinn mit dieser neuen Bedeutung konstruieren bzw. sich aneignen (vgl. Grunert/ Ludwig 2018, S. 62).

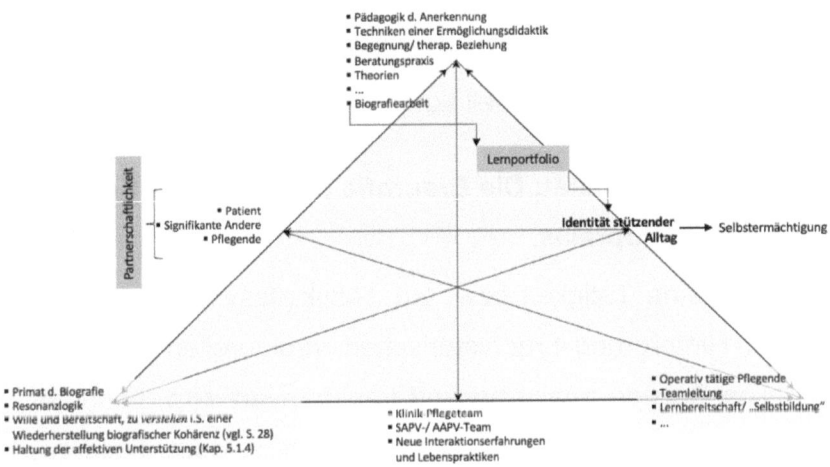

Abbildung 5: Modellierung pflegerischer Beratungspraxis als Tätigkeitssystem: Zone der nächsten Entwicklung; eigene Darstellung in Anlehnung an Engeström 1987, S. 78

Innerhalb eines institutionalisierten Tätigkeitssystems zur pflegerischen Beratungspraxis als beratungspraktischer Rahmen eines Pflegeteams wird jede konkrete Patientenbegegnung ein neues Sub-Tätigkeitssystem ausführen. Für ein solches kann das Objekt *Wiederaneignung eines Identität stützenden Alltags* bzw. das Ergebnis Selbstermächtigung nur ein grober Objektrahmen bzw. ein vorläufiges Objekt darstellen. In der sich im Verlauf intensivierenden Begegnung zwischen Pflege und Patient kann mithilfe der genannten Instrumente – hier vornehmlich Techniken einer (anerkennungs-)pädagogisch geprägten Biografiearbeit i.S. einer Identitätsarbeit – ein Lernportfolio erstellt und eine individuelle Objekt-Präzisierung vorgenommen werden[35]. An diesem Aspekt zeigt sich, wie bedeutsam die Anforderungen Flexibilität und fortlaufende Lernbereitschaft/ -fähigkeit für professionell agierende Pflegende sind.

6.3.5 Historizität: Die *Biografie* pflegerischer Edukationspraxis

Wenn eine Tätigkeit bzw. ein Tätigkeitssystem stets vor dem Hintergrund ihrer historischen, strukturellen und kulturellen Bezüge analysiert und transformiert wird, bedeutet dies für die pflegerische Beratungspraxis, dass diese zunächst unter historischen Kautelen betrachtet werden muss, hier insbesondere die einleitend geschilderten, informellen Anfangsinitiativen und die im Verlauf sich mehr oder weniger vollziehende Institutionalisierung innerhalb des übergeordneten Tätigkeitssystems Pflege. Die Analyse schärft den Blick für (vergangene und gegenwärtige, aber auch wahrscheinliche/ zukünftige) förderliche und hemmende Rahmenbedingungen einer weiteren transformativen Stabilisierung und Ausdifferenzierung des Tätigkeits-

---

[35] Zur konzeptionellen und methodischen Vertiefung der erziehungswissenschaftlichen Biografiearbeit sei exemplarisch auf Lutz et al. 2018, sowie auf Klingenberger/ Ramsauer 2017 verwiesen.

systems (vgl. Hackel 2011, S. 11). Diese Analyse berührt u.a. professions- und leistungsrechtliche Aspekte. Das *Verstehen* der Vorbedingungen und determinierenden Strukturen sensibilisiert handelnde Subjekte für die Notwendigkeit von Veränderungen i.S. von Lernprozessen bzw. Transformationen und verleiht dem Diskurs innerhalb des Lernzyklus Hinweise auf notwendigerweise anzupassende Normen, Instrumente und Prozesse. Hieraus können separate Projekte auf der Grundlage von Pflichtenheften abgeleitet und formuliert werden, die u.a. Kompetenzkollisionen, Fragen der Monetarisierung pflegerischer Beratungspraxis und weitere Transformationsrestriktionen an interdisziplinären Schnittstellen thematisieren.

Tabelle 7 fasst die Prinzipien für eine tätigkeitstheoretische Analyse zusammen und ergänzt relevante Analyseaspekte bzw. exemplarische Fragestellungen zur weiteren Bearbeitung (in Anlehnung an Hackel et al. 2011, S. 18).

	Strukturmodell	Vielstimmigkeit	Widerstände	Lernzyklus	Historizität
Intension u. Analysefokus	Explikation u. Visualisierung der Patient-Pflege-Begegnung und Abstrahierung eigener, ggf. unreflektierter Tätigkeit	Dokumentation impliziter und expliziter Auffassungen, Konstruktionen, Haltungen aller Subjekte (auch Patienten u. Angehörige)	Analyse der Kohärenz bzw. der inneren Stabilität des gegenwärtigen Tätigkeitssystems	Transformationsanlässe, Wille und Notwendigkeit zur (offenen) Transformation	Historische u. strukturelle Bedingungsfaktoren für pfleg. Beratungspraxis
Fragen u. Projekte	• Was tun wir? • Warum tun wir es? • Welche Strukturen und Prozesse sind unserem Tätigkeitssystem immanent? • Wie wirken diese auf uns? ...	• Auf welcher Grundlage haben sich Auffassungen/ Konstruktionen gebildet? • Wie können wir unterschiedliche Meinungen kanalisieren? • Wie können wir konstruktiv zu einem Kompromiss gelangen?	• Was sind Ursachen von Ambiguitäten, Widerständen und Konflikten? • Welche Objekte benachbarter Tätigkeitssysteme haben (positiven/ negativen) Impact auf unsere Praxis?	• Wie lernbereit/ -fähig sind wir? • Wer unterstützt uns bei der Steuerung von Lernprozessen, z.B. bei der Aneignung neuer Instrumente (Pädagogen, Psychologen)? • Können wir mit Unsicherheit (hins. eines neuen Objekts) umgehen?	• Was sind restriktive Bedingungsfaktoren pflegerischer Beratungspraxis? • Was sind promovierende Bedingungsfaktoren pflegerischer Beratungspraxis?

Tabelle 3: Aspekte einer tätigkeitstheoretischen Analyse; in Anlehnung an Hackel et al. 2011, S. 18

7 Schlussbetrachtungen

Das Ziel dieser Publikation war es, einen Vorschlag zu unterbreiten, wie pflegerische Patientenedukation theoretisch fundiert als Struktur und erwachsenenbildnerischer Ermöglichungsraum für Lernprozesse modelliert werden kann. Die in Kapitel 6 durchgeführte Anwendung Engeströms *Cultural Historical Activity Theory* hat gezeigt, dass diese als pädagogisch imprägnierte Heuristik und Methodologie für die Transformation von einer *Pflegerischen Patientenedukation* zu einer verstehenden *Pflegerischen Beratungspraxis* taugt. Sie erfüllt die o.g. Anforderungen, Lernen als aktiven, prozessualen und sozialen Prozess zu interpretieren und bildet eine tragfähige theoretische Basis für ambivalente Interaktionssituationen, wie sie für Patient-Pflege-Interaktionen typisch sind. Die Konstruktion von Identität als Motiv (bzw. Objekt) eines Tätigkeitssystems *Pflegerische Patientenedukation* – Identität ist hier „die zentrale vergesellschaftende Verknüpfung zwischen Individuum und Gesellschaft" (Faulstich/ Ludwig 2004, S. 18) – trägt dem Anspruch Rechnung, dass Identitätsarbeit Bildungsarbeit ist! Lernen bedeutet für chronisch Kranke „das permanente Arbeiten an einem Gegenüber von Selbst- und Fremdwahrnehmung" (Müller-Commichau 2018, S. 33); es bedeutet die Transformation etablierter, aber nicht mehr

134

funktionierender Identitätsvariablen wie z.B. persönliche Glaubenssätze, interiorisierte Werte, biografische Geschichten oder Leitprinzipien (vgl. Radatz 2010, S. 24 ff.). Das Konzept des expansiven (Identität-)Lernens stellt Lernhandlungen in den Kontext der Lebenstätigkeit und fokussiert auf Reflexionshandlungen von Selbst-Welt-Verhältnissen (vgl. Walther 2014, S. 107 f.).

7.1 Lösung des praktischen Problems

Engeström entwickelt sein Lernverständnis nicht nur vom Individuum, sondern auch von der Gesellschaft, von kollektiven Entitäten bzw. von Plausibilitätsstrukturen her. In diesem Verständnis beschreiben expansive Lernbewegungen:

> „[...] ein umfassendes Verhältnis des Menschen zur Welt, das man als aktive individuelle Teilhabe an den gesellschaftlichen und kulturellen Verhältnissen bezeichnen könnte." (Kuckhermann 2018, S. 98)

Mithilfe der dialektischen Konstruktion von handelnden Subjekten und handlungsmotivierendem Objekt umgeht Engeström die negative Konnotierung einer übergriffig determinierenden, überwältigenden Umwelt (in unserem Fall: Gesundheitswesen, Medizin, Pflege). *Hilfe und Kontrolle* bedeuten in der Lesart Engeströms nicht zwingend Unterwerfung, Entmündigung oder Machtmissbrauch, sondern er geht von der plausiblen Annahme aus, „dass das Subjekt immer mit Beobachtung, Regulierung [und] Normen auftaucht" (Forneck 2004, S. 255). Engeströms Theorie trägt der Ambivalenz Rechnung, dass Pflegende chronisch kranke Menschen einerseits auf anerkennende, partnerschaftliche Weise dabei unterstützen, Probleme als Lernanlässe zu identifizieren und zu bearbeiten (oder auch nicht), chronisch Kranke andererseits standardisierte Strukturangebote im tendenziell instruktionistischen Jargon zulassen, wenn diese als hilfreich bzw. sinnvoll bewertet werden ohne der Illusion von Gesundheit bzw. Bewältigung als immer verfügbare (i.S. von kontrollierbarer) Entität anheimzufallen. Ein künftiges, transformiertes Tätigkeitssystem *Pflegerische Beratungspraxis* enthält das Potential, pflegerische Beratung chronisch kranker Menschen nicht nur rund um messbare, dokumentierbare und optimierbare Funktionsparameter zu gestalten bzw. Lernen zu einem unidirektionalen Akt des Informieren, Schulens und Vermittelns zu reduzieren, sondern die Aufmerksamkeit auf das ethische Moment der Tätigkeit zu lenken, die anerkennende Begegnung von und Interaktion zwischen „zwei unverwechselbaren Individuen" (Rosa 2018, S. 93). Pflegerische Beratungspraxis macht Patienten zum Akteur auf Augenhöhe, sorgt dafür, dass sich Patienten nicht in weiß gekachelten Strukturen auflösen, sondern sich als sich ermächtigende, handelnde und gestaltende Akteure im

Tätigkeitssystem behaupten. Auch die egalisierende Konstruktion von Subjekten als lernende Subjekte – Patienten und Pflegende lernen gleichermaßen im Beratungsprozess – unterstützt Partnerschaftlichkeit bzw. vereitelt Tendenzen dominierenden, erzeugungsdidaktisch motivierten Lehrverhaltens und Auswüchse paternalistischer Struktur- und Handlungshoheit.

7.2 Lösung des theoretischen Problems

Engeströms *Cultural Historical Activity Theory* harmoniert mit Überlegungen zu einem kohärentistischen Konstruktivismus, wie er in Kapitel 3.2 entwickelt worden ist: Auch wenn sich Engeström nicht expressis verbis als Vertreter einer konstruktivistischen Lerntheorie zuordnet, scheint seine Theorie an systemisch-konstruktivistische Annahmen zur Ich-Bildung dahingehend anschlussfähig zu sein, als dass über den Identitätsbegriff eine strukturelle Kopplung zwischen Individuum und sozialer Ordnung hergestellt wird, nicht zuletzt zum Zweck der subjektiven Wahrnehmung und Deutung von Wirklichkeit. Darüber hinaus vollzieht sich eine konstruktivistische Aneignungspraxis durch die Herstellung von Sinn bzw. die Zuweisung von Bedeutung im Interaktionsraum zwischen Patient und Pflege (vgl. Daum 2014, S. 197). Als „moderat konstruktivistischer Ansatz" (Giest/ Lompscher 2005, S. 124) erschließt Engeströms Tätigkeitstheorie Sinnhaftigkeit und Motivation zur

Selbstermächtigung vor allem in der subjektiven Perspektive eines chronisch Kranken, u.a. unter Verwendung des Instruments Biografiearbeit (vgl. Spatschek 2014, S. 115):

„Der Einbezug dieser subjektiven Perspektive erschließt Zugänge darüber, welche Aneignungsprozesse für die beteiligten Personen von besonderer Relevanz sind und motivational im Vordergrund stehen." (ebd.)

Gerade der kohärentistische, auf systemimmanente Stimmigkeit zielende Impetus verleiht Engeströms Tätigkeitstheorie den Charakter einer „Metatheorie" (Holle 2019, S. 57) bzw. eines Theorienrahmens, der einen sinnvollen Theorienpluralismus ermöglicht. Unterschiedliche, sich ergänzende, vielleicht auch widersprechende, in jedem Fall jedoch Problem adäquat anwendbare Theorien und Modelle werden als Artefakte bzw. als Instrumente interpretiert und handelnd angewendet. Die Gegenüberstellung von gegenwärtigem und transformierten Tätigkeitsmodell zeigt, dass ein transformiertes Tätigkeitsmodell alle bisherigen theoretischen Grundlagen pflegerischer Patientenedukation integriert und diese um wesentliche neue Aspekte ergänzt, insofern würde der Autor von einem Theorienfortschritt sprechen (vgl. Bartelborth 2017, S. 56). Auch unterschiedliche didaktische Prinzipien finden gleichberechtigt Platz; eher erzeugungsdidaktisch geprägte Methoden zur

Wissensvermittlung z.B. in Phasen des verwalteten Lernens, aber auch ermöglichungsdidaktisch geprägte Praxis als bevorzugtes Konzept eines systemisch-konstruktivistischen Lernparadigmas, das dem Patienten als lernender Person mehr Eigeninitiative zumutet, die beratende Rolle der Pflegeperson hervorhebt und einen Lernerfolg zwingend offen bleiben lässt bzw. Lernen zwar ermöglicht, aber „nicht erzeugt" (Prescher 2016, S. 118). Ein Dualismus zwischen Instruktion und Konstruktion kann somit zumindest relativiert werden.

Gleichzeitig liefert die Tätigkeitstheorie plausible Antworten auf die Fragen: Was lernt der chronisch kranke Mensch?, Wie lernt der chronisch kranke Mensch?, Wie charakterisiert sich eine reflektierte, anerkennende und dynamisch-lernende Beratungspraxis? Damit stehen nicht nur Identitäten von Patienten auf dem Prüfstand, sondern stets auch die Identität des Tätigkeitssystems *Pflegerische Beratungspraxis* als solches, als kollektiv-strukturelle Entität, verbunden mit der selbstkritischen Frage: Wie wollen wir als Pflegende Pflegebedürftigen gegenübertreten? Ist unser Handeln auf Subjektebene sinnvoll bzw. sind unsere Motive auf Tätigkeitsebene noch bedeutsam?

Dennoch: Im Zuge einer weiteren Anwendung müssen weitere wissenschaftstheoretische und epistemologische Fragen beantwortet werden, z.B. wie sich ein Tätigkeitssystem verselbständigt oder verfestigt (ein Tätigkeitssystem ist ja als soziales Gebilde prinzipiell auf Kontinuität bzw. auf langfristigen, stabilen Betrieb ausgerichtet) bzw. warum Transformation manchmal nicht zustande kommt? Was motiviert Subjekte – jenseits von Ambiguitäten und Widerständen – unhinterfragt Alltagsroutinen/ -handlungen auszuführen? Auch die Frage, wie sich die Emergenz von Einzelhandlungen zu einem kollektiv akzeptierten Objekt vollzieht, hat Engeström nicht beantwortet; dies eröffnet weitere Forschung. Nicht zuletzt bleibt offen, warum ausschließlich Ambiguitäten oder Widerstände als Lernstimulus wirksam sind und nicht alternative, positiv konnotierte, motivationale Aspekte wie z.B. genuine Lust am Neuen, obgleich Widerstände bzw. Konflikte – übertragen auf das im Rahmen dieser Studie fokussierte Thema „Krankheit als Lernanlass" – durchaus hohes Erklärungspotential bereithalten.

7.3 Perspektiven

Ob und wie der heuristisch fruchtbare Rahmen der Tätigkeitstheorie in konkretes, didaktisches Handeln transformiert werden kann, bleibt eine offene Frage, die an dieser Stelle leider nicht beantwortet werden kann. Dennoch endet diese theoretische Abhandlung mit der Hoffnung, dass sie Anregungen für praktische Ideen und Konzepte geben wird. Ob eine Umsetzung gegenwärtig realistisch ist, bleibt zu bezweifeln, obgleich die eingangs umrissenen Probleme zumindest theoretisch als vorläufig gelöst betrachtet werden können und der Autor in wenigen pflegerischen Arbeitsfeldern Potential für eine konstruktive Transformation sieht, z.B. im Rahmen der palliativen Versorgung. Daher sei ein Schlusswort in der ersten Person gestattet: Als Autor und handelndes Subjekt im Tätigkeitsfeld *Pflegerische Patientenedukation* empfinde ich starke Ambiguitäten und Widersprüche in einem m.E. nach schwach ausdifferenziertem Tätigkeitssystem *Pflegerische Patientenedukation*, die sich mit den in Kapitel 5 und Kapitel 6.3 beschriebenen Defiziten decken. Auf dem Weg zu einem starken, ausdifferenziertem Tätigkeitssystem hoffe ich jedoch inständig, dass sich die Berufsgruppe weiter als eine therapeutische professionalisiert und sich strukturelle, restriktiv wirkende Rahmenbedingungen – u.a. ein Finanzierungssystem, das Pflegeleistungen als Kostentreiber, aber nicht als Leistung betrachtet – dahin gehend verändern, sodass sich expansives Lernen hin zu einer Zone der professionellen pflegerischen Beratungspraxis vollziehen kann. Übergeordnete, konsolidierte und ausdifferenzierte Tätigkeitssysteme – das Tätigkeitssystem *Pflegerische Patientenedukation* ist ein wenig abgegrenztes, abhängiges, schwach verankertes System innerhalb einer Hierarchien-Kaskade von Tätigkeitssystemen – behindern das Tätigkeitssystem Pflege im Allgemeinen und ein Tätigkeitssystem *Pflegerische*

Patientenedukation im Besonderen an dieser Entwicklung. Insofern müssen sich einschneidende Zyklen expansiven Lernens zunächst in diesen übergeordneten Tätigkeitssystemen vollziehen, bevor sich konsekutiv eine wirkungsmächtige *Pflegerische Beratungspraxis* etablieren kann.

8 Literaturverzeichnis

Alheit, Peter, und Bettina Dausien. 2000. Die biographische Konstruktion der Wirklichkeit. Überlegungen zur Biographizität des Sozialen. In Biographische Sozialisation, Hrsg. Erika M. Hoerning und Peter Alheit, 257–283. Stuttgart: Lucius & Lucius

Alkemeyer, Thomas. 2013. Subjektivierung in sozialen Praktiken. In Selbst-Bildungen: Soziale und kulturelle Praktiken der Subjektivierung, Hrsg. Thomas Alkemeyer, Gunilla Budde und Dagmar Freist, 33–68. Bielefeld: Transcript

Antonovsky, Aaron. 1997. Salutogenese. Tübingen: DGVT

Arnold, Rolf. 2014. Bausteine der Erwachsenendidaktik – Studienbrief EB0120 zum postgradualen Studiengang Erwachsenenpädagogik. Kaiserslautern: DISC

Badura, Jens. 2002. Kohärentismus. In Handbuch Ethik, Hrsg. Marcus Düwell, Christoph Hübenthal und Micha H. Werner, 194–205. Stuttgart: Metzler

Bartelborth, Thomas. 2017. Die erkenntnistheoretischen Grundlagen induktiven Schließens. 2. erg. Aufl. Leipzig: Qucosa – Publikationsserver der Universität Leipzig

Barz, Heiner, und Rudolf Tippelt. 2018. Lebenswelt, Lebenslage, Lebensstil und Erwachsenenbildung. In Handbuch Erwachsenenbildung/Weiterbildung, Hrsg. Rudolf Tippelt und Aiga von Hippel, 161–184. Wiesbaden: Springer VS

Bauernschmidt, Dorothee, und Stephan Dorschner. 2018. Angehörige oder Zugehörige? Versuch einer Begriffsanalyse. Pflege 31: 301–309

Bausewein, Claudia, und Elisabeth Albrecht, Hrsg. 2010. Leitfaden Palliative Care - Palliativmedizin und Hospizbetreuung. 4. Aufl. München: Elsevier

Becker-Carus, Christian, und Mike Wendt. 2017. Allgemeine Psychologie: eine Einführung. 2. vollst. überarb. u. erw. Neuauflage. Berlin: Springer

Bengel, Jürgen und Lisa Lyssenko. 2012. Resilienz und psychologische Schutzfaktoren im Erwachsenenalter: Stand der Forschung zu psychologischen Schutzfaktoren von Gesundheit im Erwachsenenalter. Köln: BZgA

Berger, Peter L., und Thomas Luckmann. 2018. Die gesellschaftliche Konstruktion der Wirklichkeit: eine Theorie der Wissenssoziologie. 27. Aufl. Frankfurt am Main: Fischer Taschenbuch

Beushausen, Jürgen. 2020. Beratung lernen – Grundlagen Psychosozialer Beratung und Sozialtherapie für Studium und Praxis. 2. überarb. Aufl. Opladen, Berlin, Toronto: Verlag Barbara Budrich

Blankenburg, Wolfgang. 1997. ‚Zumuten' und ‚Zumutbarkeit' als Kategorien psychiatrischer Praxis. In Was du nicht willst, das man dir tut: Gemeindepsychiatrie unter ethischen Aspekten, Hrsg. Matthias Krisor und Herner Gemeindepsychiatrisches Gespräch, 21–48. Regensburg: Roderer

Böhm, Karin. 2018. Gesundheit und soziale Sicherung. In Datenreport 2018: Ein Sozialbericht für die Bundesrepublik Deutschland, Hrsg. Statistisches Bundesamt (Destatis) und Wissenschaftszentrum Berlin für Sozialforschung (WZB), 291–313. Bonn: Bundeszentrale für politische Bildung/ bpb

Bonjour, Laurence. 1976. The Coherence Theory of Empirical Knowledge. Philosophical Studies Vol. 30: 281–312

Bury, Michael. 2009. Chronische Krankheit als Biografischer Bruch. In Bewältigung chronischer Krankheit im Lebenslauf, Hrsg. Doris Schaeffer, 75–90. Bern: Huber

Butler, Judith. 2015. Psyche der Macht: das Subjekt der Unterwerfung. 8. Aufl. Frankfurt am Main: Suhrkamp

Büttner, Matthias et al. 2019. Out-of-pocket-payments and the financial burden of 502 cancer patients of working age in Germany: results from a longitudinal study. Supportive Care in Cancer 27: 2221–2228

Chochinov, Harvey Max. 2017. Würdezentrierte Therapie: was bleibt - Erinnerungen am Ende des Lebens. Göttingen: Vandenhoeck & Ruprecht

Corbin, Juliet, Bruno Hildenbrand, und Doris Schaeffer. 2009. Das Trajektkonzept. In Bewältigung chronischer Krankheit im Lebenslauf, Hrsg. Doris Schaeffer, 15–51. Bern: Huber

Corbin, Juliet M., Anselm L. Strauss, und Astrid Hildenbrand. 2010. Weiterleben lernen: Verlauf und Bewältigung chronischer Krankheit. 3., vollst. überarb. und erw. Aufl. Bern: Huber

Daum, Egbert. 2014. Subjektives Kartographieren: Kinder und Jugendliche visualisieren ihre Weltaneignungen. In Tätigkeit – Aneignung – Bildung, Hrsg. Ulrich Deinet und Christian Reutlinger, 189–202. Wiesbaden: Springer VS

Deinet, Ulrich, und Christian Reutlinger. 2014a. Tätigkeit – Aneignung – Bildung: Einleitende Rahmungen. In Tätigkeit – Aneignung – Bildung, Hrsg. Ulrich Deinet und Christian Reutlinger, 11–30. Wiesbaden: Springer VS

Deinet, Ulrich, und Christian Reutlinger, Hrsg. 2014b. Tätigkeit – Aneignung – Bildung: Positionierungen zwischen Virtualität und Gegenständlichkeit. Wiesbaden: Springer VS

Deutscher Bundestag. 2017. Gesetz zur Reform der Pflegeberufe PflBRefG vom 17. Juli 2017: Art 1, Teil 2, Abschnitt 1, § 5, S. 2583. Bundesgesetzblatt 2581–2614

Deutscher Ethikrat. 2016. Patientenwohl als ethischer Maßstab für das Krankenhaus. Berlin: Deutscher Ethikrat https://www.ethikrat.org/themen/medizin-und-gesundheit/patientenwohl/ (Zugegriffen: 23. Dez. 2020)

Deutsches Krebsforschungszentrum Krebsinformationsdienst. 2020. Arbeiten mit einer Krebserkrankung – Krankschreibung, Krankengeld, Schwerbehindertenausweis, Wiedereingliederung. https://www.krebsinformationsdienst.de/leben/alltag/arbeiten-mit-krebs.php (Zugegriffen: 23. Dez. 2020)

Deutsches Netzwerk für Qualitätsentwicklung in der Pflege. 2020. Expertenstandards und Auditinstrumente. https://www.dnqp.de/expertenstandards-und-auditinstrumente/ (Zugegriffen: 23. Dez. 2020)

Engeström, Yrjö. 2014. Activity Theory and Learning at Work. In Tätigkeit-Aneignung-Bildung: Positionierungen zwischen Virtualität und Gegenständlichkeit, Hrsg. Ulrich Deinet und Christian Reutlinger, 67–96. Wiesbaden: Springer VS

Engeström, Yrjö. 2018. Expertise in transition: Expansive Learning in Medical Work. Cambridge: Cambridge University Press

Engeström, Yrjö. 2011. Lernen durch Expansion. 2. stark erw. Aufl. Berlin: Lehmanns

Engeström, Yrjö. 2016. Studies in expansive learning: Learning what is not yet there. New York: Cambridge University Press

Esfeld, Michael. 2002. Holismus in der Philosophie des Geistes und in der Philosophie der Physik. Frankfurt am Main: Suhrkamp

Esser, Hartmut. 1999. Soziologie: Allgemeine Grundlagen. 3. Aufl. Frankfurt am Main: Campus

Färber, Corina. 2019. Das Subjekt zwischen Ent- und Ermächtigung. In Subjektivierung: Erziehungswissenschaftliche Theorieperspektiven, Hrsg. Norbert Ricken, Rita Casale und Christiane Thompson. Weinheim, Basel: Beltz Juventa

Faulstich, Peter, und Joachim Ludwig. 2004. Lernen und Lehren aus subjektwissenschaftlicher Perspektive. In Expansives Lernen, Hrsg. Peter Faulstich und Joachim Ludwig, 10–28. Baltmannsweiler: Schneider Hohengehren

Fiedler, Peter. 2014. Dissoziative Störungen. 2. überarb. Aufl. Göttingen: Hogrefe

Forneck, Hermann J. 2004. Randgänge des Lernens – Eine Lerntheorie jenseits des Subjekts? In Expansives Lernen, Hrsg. Peter Faulstich und Joachim Ludwig, 246–255. Baltmannsweiler: Schneider Hohengehren

Foucault, Michel. 2017. Sicherheit, Territorium, Bevölkerung: Vorlesung am Collège de France, 1977-1978. 5. Aufl. Hrsg. Michel Sennelart. Frankfurt am Main: Suhrkamp

Franke, Alexa. 2012. Modelle von Gesundheit und Krankheit. 3., überarb. Aufl. Bern: Huber

Franzkowiak, Peter. 2015. Biomedizinische Perspektive. Leitbegriffe der Gesundheitsförderung und Prävention: Glossar zu Konzepten. https://www.leitbegriffe.bzga.de/systematisches-verzeichnis/wissenschaftliche-perspektiven-bezugsdisziplinen-theorien-und-methoden/biomedizinische-perspektive (Zugegriffen: 23. Dez. 2020)

Freund, Mathias, Volker König, Gerhard Faber, und Ulf Seifart. 2019. Finanzielle und soziale Folgen der Krebserkrankung für junge Menschen Bestandsaufnahme zur Datenlage und Anhang: Praktische Informationen und Hilfen für Betroffene. Berlin

Friesacher, Heiner. 2004. Foucaults Konzept der Gouvernementalität als Analyseinstrument für die Pflegewissenschaft. Pflege 17: 364–374

Geithner, Silke. 2018. Expansives Lernen im Kontext von Personal- und Organisationsentwicklung. In Potentiale des Aneignungskonzepts, Hrsg. Ulrich Deinet, Claus Reis,

Christian Reutlinger und Michael Winkler, 14–29. Weinheim, Basel: Beltz Juventa

Giest, Hartmut, und Joachim Lompscher. 2005. Tätigkeitstheoretische Überlegungen zu einer neuen Lernkultur (Sitzungsberichte der Leibniz-Sozietät, Band 72). Berlin: Trafo

Goffman, Erving. 2018. Stigma: Über Techniken der Bewältigung beschädigter Identität. 24. Aufl. Frankfurt am Main: Suhrkamp

Göppel, Rolf. 2008. Die Förderung „seelischer Gesundheit" und die Vermittlung von Vorstellungen „gelungenen Lebens" – Aufgaben für die Pädagogik? In Seelische Gesundheit und gelungenes Leben – Perspektiven der humanistischen Psychologie und humanistischen Pädagogik, Hrsg. Martina Becker, Gerd-Bodo Reinert und Helmut Wehr, 57–84. Frankfurt am Main: Peter Lang Verlag

Gossens, Johanna. 2015. Pflegerische Begleitung bei chronischen Erkrankungen. In Beraten, Informieren und Schulen in der Pflege. Rückblick auf 20 Jahre Entwicklung, Hrsg. Tanja Segmüller, 38–47. Frankfurt am Main: Mabuse

Gröning, Katharina, und Cristiane Gerhold. 2016. Der Beratungsprozess und die Prinzipien und Probleme der Sozialleistungsberatung. Hrsg. Fakultät für Erziehungswissenschaft AG 7 Pädagogische Beratung. Bielefeld: Universität Bielefeld

Grunert, Cathleen, und Katja Ludwig. 2018. Bildungstheoretische Herausforderungen und Anschlussmöglichkeiten des Aneignungskonzeptes. In Potentiale des Aneignungskonzepts, Hrsg. Ulrich Deinet, Claus Reis, Christian Reutlinger und Michael Winkler, 58–69. Weinheim, Basel: Beltz Juventa

Hackel, Monika et al. 2011. Diffusion von neuen Technologien – Veränderungen von Arbeitsaufgaben und

Qualifikationsanforderungen im produzierenden Ge-
werbe: Forschungsprojekt-Beschreibung. Bonn: Bun-
desinstitut für Berufsbildung

Hackel, Monika. 2011. Qualifizierungsbedarfe aus Arbeitspro-
zessen partizipativ entwickeln. BWP – Berufsbildung in
Wissenschaft und Praxis 10–14

Halbig, Christian. 2002. Anerkennung. In Handbuch Ethik, Hrsg.
Marcus Düwell, Christoph Hübenthal und Micha H. Werner, 297–301. Stuttgart: J.B. Metzler

Hildenbrand, Bruno. 2009. Die „Bewältigung" chronischer Krankheit in der Familie – Resilienz und professionelles Handeln. In Bewältigung chronischer Krankheit im Lebenslauf, Hrsg. Doris Schaeffer, 133–155. Bern: Huber

Höffer-Mehlmer, Markus. 2014. Methoden und Medien in der Erwachsenenbildung. Studienbrief EB-430 zum postgradualen Studiengang Erwachsenenpädagogik. Kaiserslautern

Holle, Larissa. 2019. Personalstrategische Maßnahmen von
deutschen Unternehmen in China. Wiesbaden: Springer
VS

Holzkamp, Klaus. 1995. Lernen: Subjektwissenschaftliche
Grundlegung. Frankfurt am Main: Campus

Hug, Theo. 2015. Die Paradoxie der Erziehung. In Schlüssel-
werke des Konstruktivismus, Hrsg. Bernhard Pörksen,
451–471. Wiesbaden: Springer VS

Hurrelmann, Klaus. 2001. Einführung in die Sozialisationstheo-
rie: über den Zusammenhang von Sozialstruktur und
Persönlichkeit. 7. neu ausgestattete Aufl. Weinheim:
Beltz

Hurrelmann, Klaus. 2012. Kindheit, Jugend und Gesellschaft
Identität in Zeiten des schnellen sozialen Umbruchs - Soziologische Perspektiven. In Identität: Ein Kernthema

moderner Psychotherapie, Hrsg. Hilarion Petzold und Martin Sökefeld, 77–105. Wiesbaden: Springer VS

Illeris, Knud. 2006. Das Lerndreieck: Rahmenkonzept für ein übergreifendes Verständnis vom menschlichen Lernen. In Vom Lernen zum Lehren: Lern- und Lehrforschung für die Weiterbildung, Hrsg. Ekkehard Nuissl, 29–41. Bielefeld: W. Bertelsmann

Kerosuo, Hannele. 2006. Boundaries in Action – An Activity-theoretical Study of Development, Learning and Change in Health Care for Patients with Multiple and Chronic Illnesses. Helsinki: Helsinki University Press

Klingenberger, Hubert, und Erika Ramsauer. 2017. Biografiearbeit als Schatzsuche: Grundlagen und Methoden – Für Erwachsenenbildung und Beratung. München: Don Bosco Medien

Klingler, C., und G. Marckmann. 2014. Was ist gute Versorgung? Ein ethisches Framework zur Bewertung der Versorgung chronisch Kranker. Das Gesundheitswesen 77: 533–539

Kölbl, Carlos. 2006. Die Psychologie der kulturhistorischen Schule: Vygotskij, Lurija, Leont'ev. Göttingen: Vandenhoeck & Ruprecht

Kommission der Europäischen Gemeinschaften. 2000. Memorandum über Lebenslanges Lernen. Brüssel http://www.die-bonn.de/id/745 (Zugegriffen: 23. Dez. 2020)

Kossack, Peter. 2016. Bildungsberatung – Felder, Modelle und Finanzierung. Studienbrief EB-920 zum postgradualen Studiengang Erwachsenenpädagogik. Kaiserslautern

Kraus, Björn. 2006. Lebenswelt und Lebensweltorientierung – Eine begriffliche Revision als Angebot an eine systemisch-konstruktivistische Sozialarbeitswissenschaft. Kontext. Zeitschrift für Systemische Therapie und Familientherapie 37: 116–129

Kromrey, Helmut. 2000. Empirische Sozialforschung: Modelle und Methoden der standardisierten Datenerhebung und Datenauswertung. 9. korr. Aufl. Opladen: Leske+Budrich

Krondorfer, Birge. 2015. Gesundheit als Norm. Ein Befund – Ein (un)freiwilliges Postulat unserer Zeit. Meb Magazin erwachsenenbildung.at – Das Fachmedium für Forschung, Praxis und Diskurs 1–8

Kuckhermann, Ralf. 2018. Aneignung – Lernen – Bildung. Überlegungen zum Beitrag des Aneignungskonzeptes für das Verständnis von Lern- und Bildungsprozessen. In Potentiale des Aneignungskonzepts, Hrsg. Ulrich Deinet, Claus Reis, Christian Reutlinger und Michael Winkler, 82–99. Weinheim, Basel: Beltz Juventa

Lampert, Thomas, und Lars Eric Kroll. 2010. Armut und Gesundheit. Berlin: Robert Koch-Institut https://e-doc.rki.de/handle/176904/3090 (Zugegriffen: 23. Dez. 2020)

Landespflegekammer Rheinland-Pfalz, Hrsg. 2020. Berufsordnung für Pflegefachpersonen des Landes Rheinland-Pfalz. https://www.pflegekammer-rlp.de/index.php/pflege-als-beruf.html#berufsordnung-228 (Zugegriffen: 23. Dez. 2020)

Lang, Caroline et al. 2019. „Da kann man sich ja totklingeln, geht ja keiner ran" – Schnittstellenprobleme zwischen stationärer, hausärztlicher und ambulant-fachspezialisierter Patientenversorgung aus Sicht Dresdner Hausärzte. Das Gesundheitswesen 81: 822–830

Leib-Gerstner, Anna. 2012. Beratungsbedarf und Bedürfnisse der Ratsuchenden. In Die Pflegeberatung: Was müssen Pflegeberater, Ärzte und Kassen wissen? Berufsbild - Einsatzspektrum - Beratungspraxis, Hrsg. Medizinischer Dienst der Krankenversicherung in Bayern und Hochschule für Angewandte Wissenschaften, 37–54. Landsberg: Ecomed

Leitlinienprogramm Onkologie (Deutsche Krebsgesellschaft, Deutsche Krebshilfe, AWMF), Hrsg. 2020. Erweiterte S3-Leitlinie Palliativmedizin für Patienten mit einer nicht heilbaren Krebserkrankung (Langversion 2.1). https://www.leitlinienprogramm-onkologie.de/leitlinien/palliativmedizin/ (Zugegriffen: 23. Dez. 2020)

Luhmann, Niklas, und Oliver Jahraus. 2011. Aufsätze und Reden. Stuttgart: Reclam

Maio, Giovanni. 2020. Das Leiden am Kranksein. CNE.fortbildung 5–9

McMahon, Richard, und Alison Pearson, Hrsg. 2002. Nursing as therapy. 2. Ed. Cheltenham: Nelson Thornes

Metzinger, Thomas. 2011. Der Ego-Tunnel – Eine neue Philosophie des Selbst: Von der Hirnforschung zur Bewusstseinsethik. 4. Aufl. Berlin: Bloomsbury

Meueler, Erhard. 2017. Die Türen des Käfigs: Subjektorientierte Erwachsenenbildung. 3. unveränd. Aufl. Baltmannsweiler: Schneider Hohengehren

Müller-Commichau, Wolfgang. 10. März 2017. Dekonstuktion, Anerkennung und ästhetische Signatur. Referat Technische Universität Kaiserslautern

Müller-Commichau, Wolfgang. 2020. Fünf Säulen einer Erwachsenenpädagogik der Anerkennung. https://youtu.be/8319w9XYLy0 (Zugegriffen: 23. Dez. 2020)

Müller-Commichau, Wolfgang. 2018. Souveränität durch Anerkennung: Überlegungen zu einer dekonstruktiven Erwachsenenpädagogik. Baltmannsweiler: Schneider Hohengehren

Nida-Rümelin, Julian. 1996. Theoretische und angewandte Ethik: Paradigmen, Begründungen, Bereiche. In Angewandte Ethik – Die Bereichsethiken und ihre theoretische Fundierung, Hrsg. Julian Nida-Rümelin. Stuttgart: Kröner

Nittel, Dieter. 2013a. Prozessuale Lerndimensionen: Instrumente zur Erschließung von Lernprozessen bei Patienten mit lebensbedrohlichen Erkrankungen. In Krankheit: Lernen im Ausnahmezustand?, Hrsg. Dieter Nittel und Astrid Seltrecht, 139–171. Berlin, Heidelberg: Springer

Nittel, Dieter. 2013b. Von der Bewältigung zur Bearbeitung lebensgeschichtlicher Krisen im Alter? Facetten einer erziehungswissenschaftlichen Theorie des biographischen Lernens. https://www.uni-frankfurt.de/46824972/Folien-Prof_-Nittel-04_06.pdf (Zugegriffen: 23. Dez. 2020)

Nittel, Dieter, und Johanna Hellmann. 2017. „Eigentlich hätte ich nach drei Monaten tot sein müssen, aber ich lebe immer noch!" – Die Grenzen des lebenslangen Lernens aus der Perspektive von Biographie und Lebenslauf. In Biografie – Lebenslauf – Generation: Perspektiven der Erwachsenenbildung, Hrsg. Olaf Dörner, Carola Iller, Henning Pätzold, Julia Franz und Bernhard Schmidt-Hertha, 177–188. Opladen, Berlin, Toronto: Verlag Barbara Budrich

Nuissl, Ekkehard. 2010. Lebenslauf. In Wörterbuch Erwachsenenbildung, Hrsg. Rolf Arnold, Sigrid Nolda und Ekkehard Nuissl, 184–185. Bad Heilbrunn: Klinkhardt

Ostaseski, Frank. 2017. Die fünf Einladungen: Was wir vom Tod lernen können, um erfüllt zu leben. München: Knaur

Panfil, Eva-Maria, Hrsg. 2011. Wissenschaftliches Arbeiten in der Pflege: Lehr- und Arbeitsbuch für Pflegende. Bern: Huber

Parsons, Talcott. 1968. Sozialstruktur und Persönlichkeit. Frankfurt am Main: Europ. Verlagsanstalt

Peplau, Hildegard E. 1995. Interpersonale Beziehungen in der Pflege: Ein konzeptueller Bezugsrahmen für eine psychodynamische Pflege. Basel: Recom

Pisarski, Waldemar. 2005. Auch am Abend wird es licht sein: die Kunst, zu leben und zu sterben. München: Claudius

Prescher, Thomas. 2016. Ermöglichungsdidaktik zwischen Theorie und Praxis. Transformation pädagogischer Praxis als Herausforderung. In Ermöglichungsdidaktik – Offene Fragen und Potenziale, Hrsg. Rolf Arnold, Claudia Gómez Tutor, Thomas Prescher und Ingeborg Schüßler, 117–130. Baltmannsweiler: Schneider Hohengehren

Radatz, Sonja. 2010. Einführung in das systemische Coaching. 4. Aufl. Heidelberg: Carl Auer

Reich, Kersten. 2001. Konstruktivistische Ansätze in den Sozial- und Kulturwissenschaften. In: Die Wissenschaft und ihr Wissen, Vol. 4, Hrsg. Theo Hug, 356–376. Baltmannsweiler: Schneider Hohengehren

Reich, Kersten. 2002. Zum Realitätsbegriff im Konstruktivismus. http://www.uni-koeln.de/hf/konstrukt/texte/download/realitaetsbegriff.pdf (Zugegriffen: 23. Dez. 2020)

Reis, Claus. 2018. Die kulturhistorische Tätigkeitstheorie als theoretische Grundlage für die Analyse und Gestaltung interorganisationaler Kooperation. In Potentiale des Aneignungskonzepts, Hrsg. Ulrich Deinet, Claus Reis, Christian Reutlinger und Michael Winkler, 42–56. Weinheim, Basel: Beltz Juventa

Ricken, Norbert. 2013. Anerkennung als Adressierung – Über die Bedeutung von Anerkennung für Subjektivationsprozesse. In Selbst-Bildungen: Soziale und kulturelle Praktiken der Subjektivierung, Hrsg. Thomas Alkemeyer, Gunilla Budde und Dagmar Freist, 69–99. Bielefeld: Transcript

Rosa, Hartmut. 2016. Resonanz: Eine Soziologie der Weltbeziehung. Berlin: Suhrkamp

Rosa, Hartmut. 2018. Unverfügbarkeit. Wien, Salzburg: Residenz

Rosa, Hartmut. 2020. Was in unserer Gesellschaft wirklich systemrelevant ist. https://www.deutschlandfunk.de/folgen-der-coronakrise-was-in-unserer-gesellschaft-wirklich.886.de.html?dram:article_id=477022 (Zugegriffen: 23. Dez. 2020)

Roth, Gerhard. 2011. Bildung braucht Persönlichkeit: Wie Lernen gelingt. Stuttgart: Klett-Cotta

Roth, Gerhard. 1996. Das Gehirn und seine Wirklichkeit: Kognitive Neurobiologie und ihre philosophischen Konsequenzen. Frankfurt am Main: Suhrkamp

Saß, Anke-Christine, Susanne Wurm, und Thomas Ziese. 2009. Alter = Krankheit? Gesundheitszustand und Gesundheitsentwicklung: Somatische und psychische Gesundheit. In Beiträge zur Gesundheitsberichterstattung des Bundes Gesundheit und Krankheit im Alter – Eine gemeinsame Veröffentlichung des Statistischen Bundesamtes, des Deutschen Zentrums für Altersfragen und des Robert Koch-Instituts, Hrsg. Karin Böhm, Clemens Tesch-Römer und Thomas Ziese, 31–61. Berlin: Robert Koch-Institut

Schaeffer, Doris. 2009. Bewältigung chronischer Erkrankung – Status Quo der Theoriediskussion. In Bewältigung chronischer Krankheit im Lebenslauf, Hrsg. Doris Schaeffer, 15–51. Bern: Huber

Schaeffer, Doris. 2006. Bewältigung chronischer Erkrankung: Konsequenzen für die Versorgungsgestaltung und die Pflege. Zeitschrift für Gerontologie und Geriatrie 39: 192–201

Schaeffer, Doris, und Anett Horn. 2018. Gesundheitsförderung und Prävention in der Pflege. Leitbegriffe der Gesundheitsförderung und Prävention: Glossar zu Konzepten. https://www.leitbegriffe.bzga.de/alphabetisches-verzeichnis/gesundheitsfoerderung-und-praevention-in-der-pflege/ (Zugegriffen: 23. Dez. 2020)

Schaeffer, Doris, und Martin Moers. 2009. Abschied von der Patientenrolle? Bewältigungshandeln im Verlauf chronischer Krankheit. In Bewältigung chronischer Krankheit im Lebenslauf, Hrsg. Doris Schaeffer, 111–131. Bern: Huber

Schmid, Michael. 2006. Individuelles Handeln und gesellschaftliche Veränderung – Einige Bemerkungen zur Subjektkonzeption der soziologischen Handlungstheorie. In Subjektdiskurse im gesellschaftlichen Wandel: Zur Theorie des Subjekts in der Spätmoderne, Hrsg. Heinrich Keupp und Joachim Hohl, 29–50. Bielefeld: Transcript

Schroeter, Klaus R. 2006. Das soziale Feld der Pflege: Eine Einführung in Strukturen, Deutungen und Handlungen. Weinheim: Juventa

Schroeter, Klaus R. 2005b. Pflege als Dispositiv: Zur Ambivalenz von Macht, Hilfe und Kontrolle im Pflegediskurs. In Soziologie der Pflege: Grundlagen, Wissensbestände und Perspektiven, Hrsg. Klaus R Schroeter und Thomas Rosenthal, 385–406. Weinheim, München: Juventa

Schulz, Michael, Johann Behrens, und Michael Löhr. 2018. Adherence und der personzentrierte Aufbau interner Evidence: Patienten im langfristigen Krankheitsmanagement partnerschaftlich unterstützen. PADUA 13: 13–20

Schütz, Alfred, und Thomas Luckmann. 1988. Strukturen der Lebenswelt – Band 1. 3. Aufl. Frankfurt am Main: Suhrkamp

Segmüller, Tanja. 2015. Formate der Patienten- und Familienedukation. In Beraten, Informieren und Schulen in der Pflege. Rückblick auf 20 Jahre Entwicklung, Hrsg. Tanja Segmüller, 49–84. Frankfurt am Main: Mabuse

Seltrecht, Astrid, und Dieter Nittel. 2013. Phänomenologie der Krankheiten: Brustkrebs und Herzinfarkt. In Krankheit: Lernen im Ausnahmezustand?, Hrsg. Dieter Nittel und Astrid Seltrecht, 103–123. Berlin, Heidelberg: Springer

Setz, Julia Maria. 2008. Subjektive Krankheitstheorien, Krankheitsbewältigung und Lebensqualität onkologischer Patienten (Dissertation). Wien

Severing, E et al. 2014. Strategien und Methoden der betrieblichen Weiterbildung. Studienbrief EB1410 zum postgradualen Studiengang Erwachsenenpädagogik. 2. überarb. u. aktual. Aufl. Kaiserslautern

Soeffner, Hans-Georg. 2000. Peter L. Berger, Thomas Luckmann: The Social Construction of Reality. In Hauptwerke der Soziologie, Hrsg. Dirk Käsler und Ludgera Vogt, 39–44. Stuttgart: A. Kröner

Spatschek, Christian. 2014. Aneignungsprozesse gestalten und begleiten. Methodische und konzeptionelle Zugänge im sozialräumlichen Kontext. In Tätigkeit – Aneignung – Bildung, Hrsg. Ulrich Deinet und Christian Reutlinger, 113–126. Wiesbaden: Springer VS.

Stanley, Patricia, und Marsha Hurst. 2011. Narrative Palliative Care: A Method for Building Empathy. Journal of Social Work in End-Of-Life & Palliative Care 7: 39–55

Straub, Jürgen. 2006. Differenzierungen der psychologischen Handlungstheorie – Dezentrierungen des reflexiven, autonomen Subjekts. In Subjektdiskurse im gesellschaftlichen Wandel: Zur Theorie des Subjekts in der Spätmoderne, Hrsg. Heinrich Keupp und Joachim Hohl, 51–74. Bielefeld: Transcript

Temel, Jennifer S. et al. 2010. Early Palliative Care for Patients with Metastatic Non–Small-Cell Lung Cancer. New England Journal of Medicine 363: 733–742

Thiersch, Hans, und Klaus Grundwald. 2002. Lebenswelt und Dienstleistung. In Positionsbestimmungen der sozialen Arbeit: Gesellschaftspolitik, Theorie und Ausbildung, Hrsg. Hans Thiersch, 127–153. Weinheim: Juventa

Thöns, Matthias. 2016. Patient ohne Verfügung: Das Geschäft mit dem Lebensende. 4. Aufl. München: Piper

Vogt, Dominique, Eva-Maria Berens, und Doris Schaeffer. 2020. Gesundheitskompetenz im höheren Lebensalter. Das Gesundheitswesen 82: 407–412

Wahl, Johannes, Dieter Nittel, Barbara Lindemann, und Rudolf Tippelt. 2017. Die Konstruktion von Biographie und Lebenslauf im Spiegel institutioneller Selbstbeschreibungen. Organisationspädagogische Zugänge zur arbeitsteiligen Gestaltung der Humanontogenese. In Biografie – Lebenslauf – Generation: Perspektiven der Erwachsenenbildung, Hrsg. Olaf Dörner, Carola Iller, Henning Pätzold, Julia Franz und Bernhard Schmidt-Hertha, 117–126. Opladen, Berlin, Toronto: Verlag Barbara Budrich

Walther, Andreas. 2014. Aneignung und Anerkennung. Subjektbezogene und soziale Dimensionen eines sozialpädagogischen Bildungsbegriffs. In Tätigkeit – Aneignung – Bildung, Hrsg. Ulrich Deinet und Christian Reutlinger, 97–112. Wiesbaden: Springer VS

Wenner, Markus. 2020. Altersmanagement der Würde: Skizze einer wertschätzenden Personalentwicklung für ältere Mitarbeitende. Kaiserslautern: unveröff. Semesterarbeit Technische Universität

Wenner, Markus. 2004. Moralbegründung vom Standpunkt der Gesellschaft Morality, Normativity and Society von David Copp. Kritische Rekonstruktion, metaethische Analyse und Diskussion. Mainz: Magisterarbeit, Johannes Gutenberg-Universität Mainz

Wenner, Markus. 2017. Worte, die wirken. Die Schwester/ Der Pfleger 24–28

Wingenfeld, Klaus, Andreas Büscher, Doris Schaeffer, und C Büker. 2011. Recherche und Analyse von Pflegebedürftigkeitsbegriffen und Einschätzungsinstrumenten. Hürth: CW Haarfeld

Wohlrab-Sahr, Monika. 2006. Die Realität des Subjekts: Überlegungen zu einer Theorie biographischer Identität. In Subjektdiskurse im gesellschaftlichen Wandel, Hrsg. Heiner Keupp und Joachim Hohl, 75–97. Bielefeld: Transcript

Wolf, Jean-Claude, und Peter Schaber. 1998. Analytische Moralphilosophie. Freiburg: Verlag K. Alber

Zander, Britta, und Reinhard Busse. 2017. Die aktuelle Situation der stationären Krankenpflege in Deutschland. In Pflege im Wandel gestalten – Eine Führungsaufgabe: Lösungsansätze, Strategien, Chancen, Hrsg. Peter Bechtel, Ingrid Smerdka-Arhelger und Kathrin Lipp, 117–129. Berlin: Springer

Zegelin, Angelika. 2015. Alltag leben trotz Krankheit – Pflegerische Unterstützung umfasst Informieren, Beraten und Schulen. In Beraten, Informieren und Schulen in der Pflege. Rückblick auf 20 Jahre Entwicklung, Hrsg. Tanja Segmüller, 15–38. Frankfurt am Main: Mabuse

Zegelin, Angelika, Lena Oesterlen, und Mareike Ouatedem-Tolsdorf. 2019. Rückkehr aus dem Krankenhaus: Eine Handreichung für die Bewältigung der häuslichen Pflegesituation. Mabuse

Zirfas, Jörg, und Benjamin Jörissen. 2007. Phänomenologien der Identität: Human-, sozial- und kulturwissenschaftliche Analysen. Wiesbaden: Springer VS

Die Reihe „Pädagogische Praxisimpulse" richtet sich an AutorInnen, die aus der Praxis und für die Praxis niedrigschwellig ihre Erkenntnisse und Forschungsarbeiten darstellen und einer Leserschaft zur Verfügung stellen wollen. Für die LeserInnen soll damit die Möglichkeit geschaffen werden komplexe und theoretische Sachverhalte nachvollziehbar und für ihre Praxis anschlussfähig aufbereitet vorzufinden. Idealerweise beinhalten die Beiträge immer auch konkrete Umsetzungsvorschläge und Anwendungsbeispiele.